환생한 신데렐라는 치킨을 튀긴다

새봄 지음

환생한 신데렐라는 치킨을 튀긴다.

발　　행 | 2023년 5월 8일

저　　자 | 새봄

디 자 인 | 어비, 스테이블 디퓨전, 미드저니

편　　집 | 어비

펴 낸 이 | 송태민

펴 낸 곳 | 열린 인공지능

등　　록 | 2023.03.09(제2023-16호)

주　　소 | 서울특별시 영등포구 영등포로 112

전　　화 | (0505)044-0088

이 메 일 | book@uhbee.net

ISBN | 979-11-93084-96-0

www.OpenAIBooks.shop

환생한 신데렐라는 치킨을 튀긴다

새봄 지음

목차

머리말

이 책은 동화 속 공주들은 늘 자신만의 삶을 개척한다 어쩐다 이야기만 하면서도 늘 마지막은 잘생긴 왕자가 와서 그 삶 속에서 꺼내 준다. 이 책은 그런 식상한 이야기부터 시작해서 고정 관념을 부수는 결말로 끝난다.

-라는 원대한 목표로 포장된 웹소설이다.

ChatGPT와 함께 지은 책으로 중딩이 작업했다.

저자 소개

10시에 자고 7시에 일어나는 새나라의 k- 중딩으로, 자다가 갑자기 글 쓸 것이 생겨서 당황했지만 그 덕에 2주동안 학원을 빠져서 너무 행복함, 책 읽는 거랑 웹소설 보는 걸 매우매우매우 좋아함. 몰래 보다가 걸린 경험 다수, 잘 먹고 잘 놀고 잘 자고 의자에 오래 앉아있을 수 있음.

PROLOGUE

윌로우셰어의 작은 마을에서 나는 잔인한 새엄마와 끔찍한 새언니들의 아래 조용히 억압되어 살던 한 소녀였다.

왜 신은 내게 이런 시련을 준 걸까?

만약 신이 있다면, 나는 언젠가 신에게 복수할 거다.

내 친어머니는 이 윌로우셰어에서 조금 떨어진 작은 마을에 사는 평민 가의 젊은 소녀였다. 하지만 윌로우셰어의 대가문의 차남인 아버지와 사랑에 빠졌었고, 아버지는 가문의 반대를 뿌리치고 어머니와 결혼에 성공하셨다.

그러나 내가 태어나고 몇 달 후 위생상태가 좋지 않던 우리마을에 전염병이 돌았고, 어머니와 외가사람들이 모두 세상을 떴다. 아버지는 결국 생활고에 시달리다 못해 나를 키우기 위해서라도 가문으로 돌아가게 되셨고, 후에 새엄마와 다시 재혼하게 되었다.

나는, 그저 젊은 날의 불 같은 사랑으로 태어난 사생아였다. 사실, 이름도 재투성이라는 뜻의 신데렐라다.

나를 아껴 주시던 유일한 사람인 아버지 마저도 어머니를 그리워하시다가 돌아가셨다.

그깟 신분이 뭐라고 누구는 전염병에 시달리다 죽고 누구는 떵떵대며 살아야 할까?

그런 의문 아래 여태껏 길러진 건 깡과 오기 뿐이었지만 그래도 나는 이런 환경 속에서도 성공할 것이라는 일념 하에 재력과 권력, 존경이 가득한 더 나은 삶을 꿈꿨다.

그 신분이라는 거, 없앨 수 없다면 꼭대기를 밟아주겠어. 여성상이니 평민이니 지껄이는 사람들, 다 정말 한심해 보였다.

하늘아래 다 같은 사람인데.

나는 나를 재투성이 신데렐라라며 깔보던 사람들을 눌러주고 싶었다. 하지만 내게는 그럴 힘이 없었다.

내 주위 사람들이 나에게 기대하는 여성상은, 힘을 가져서는 안되었다. 그게 무력이든, 지성이든, 아님 권력이든. 이래도 마녀, 저래도 마녀. 여자에게 힘이란 즉각 새드엔딩, 즉 죽음으로 이어지는 루트였다. 안타깝게도 루트는 쉬웠고 참담한 결과는 여러 가지였다.

아무튼 그래서, 내 목표는 단 하나였다. 결혼으로 신분상승해서 놀고 먹고 잘 사는 거. 다른 사람이 어찌되든 나는 상관없었다. 나는… 성공해서, 안전해지고 싶었다.

그런 내게, 마법 같은 일이 찾아와 나를 완전히 바꾸어 놓았다.

01
: 나 자신을 빽으로 세상과 맞짱 뜬다.

그러던 어느 날, 이 근방의 모든 딸이 있는 집마다 왕궁에서 열리는 그랜드 무도회 초대장이 도착했고 마을 전체가 술렁였다. 왕자의 신붓감을 찾는 것이라는 소문은 삽시간에 퍼졌고, 나는 드디어 고대하던 기회가 왔다는 것을 알았다. 곧바로 사교계에 진출해서 적당히 조건 좋은 남자와 눈 맞을 수 있는 수직 상승루트.

고생길도 얼마 안 남았다 이거 지.

내 새엄마는 제 친딸들이 왕자와 결혼해서 왕비가 되기를 바라는 마음으로 무도회 준비를 하기 시작했다. 물론 내가 보기에는 그저 돼지 목의 진주 목걸이였다.

만약 새언니들이 왕비가 된다면 아마 사치에 빠져서 평민들이나 열심히 굴리겠지...

나는 설렘으로 두근대는 마음으로 새엄마에게 참석 여부를 물었다.

하지만

"얘가 어디라고 거길 간다고 하니? 그냥 너는 집에나 있어!"

그들이 보는 나는 너무 비천하고 다른 사람들 에게까지 어두운 영향을 끼치는 음침하고 조용한 여자애였기에, 하녀와 같은 취급이나 받으며 참석을 금하고 나를 다락방에 가두고 갔다.

평생을 기대했던 무도회였는데, 내 끔찍한 집에서 탈출할 수 있는 유일한 희망을 산산이 부순 느낌이었다.

나는 다시 한 번 신을 욕했다.

절망에 빠져 소리 없이 울고 있을 때, 마법의 존재가 빠라방, 하는 하찮은 소리와 함께 내 앞에 나타났다. 내가 욕을 하니까 뜨끔해서 나타난 건지 아님 그냥 우연이었던 건지,

이상한 주문과 함께 요술 지팡이를 휘두르며 내 너덜너덜한 옷을 멋진 하늘 색 드레스로 바꾸고 정교한 유리구두 한 켤레를 만든 사람, 아니 누군가는 바로 요정이었다.

그녀는 나에게 자정이 되면 마법이 사라지기 때문에 자정 전에 무도회장을 떠나라고 경고했다. 무슨 마법이 시간제이냐 하고 물으니 자기도 칼퇴 한 번 해 보고 싶단다. 정말 알 수 없는 분이었다.

옷이 날개라는 말처럼, 무도회에서 내 아름다움은 왕자를 사로잡았고 우리는 밤새도록 춤을 추었다. 울려 퍼지는 왈츠와

그 마법은 너무나 강력해서 둘 다 서로에게 빠져 시계가 자정에 가까워지는 것을 알아채지 못했다.

오랜만에 찾은 자유는 달콤했고 이젠 이 순진한 왕자나 무도회장의 돈 많은 공작가 남자를 꼬셔서 인생 역전할 일만 남았다... 라고 여겼지만,

시계가 마침내 12시를 가리키며 5번의 종을 울렸을 때, 나는 마법이 풀릴 까 겁에 질려 궁전 계단을 질주하며 도망치고 말았다.

그러나 나는 너무 서두르다가 계단에서 구르고 말았다. 하필이면 이로 인해 유리구두가 돌계단에 부딪혀 무수한 파편으로 부서졌다.

발에서는 피가 철철 나고 몸은 높은 계단을 사정없이 굴러내려 심한 타박상을 입었고, 설상가상으로 나를 구원해 줄 거라고 여겼던 유리구두 굽은 깨어져 내 가슴을 찔러 치명상을 입혔다.

마지막 순간에 내 생각은 분노와 절망이 뒤섞인 것이었다.

나 이렇게 죽기 싫어, 아직 못 해본 게 얼마나 많은데, 저 꼴 보기 싫은 가족이란 작자들에게 복수도 해야 하고, 친구도 사귀고 싶었는데,

나는 분명 내가 더 나은 삶, 권력과 재력으로 가득 찬 삶을 살 운명이라고 믿었다. 모든 사람은 적어도 그럴 기회 정도는

있다고 생각했다. 그냥 평범한 영애처럼 살고 싶었을 뿐인데... 나도 남들이 부리는 사치 한 번 부리고 싶었는데.

하지만 지금, 내 꿈의 상징 그 자체에 찔려 죽어가는 동안, 나는 내 이야기가 내가 상상했던 동화 같은 결말로 끝나지 않을 것임을 깨 달았고, 이내 눈 앞은 암흑으로 뒤덮였다.

'이제 정말 끝났구나... '

그러나 다시 눈을 떴을 때, 순간 엄청난 밝은 빛이 나를 비추자 나는 방향 감각을 잃고 혼란스러웠다. 눈이 멀어버릴 것 같았다. 뭐 특수효과도 아니고 죽자마자 이게 뭐 야.

그리고 내가 더 이상 왕궁 중앙의 계단에 있는 것이 아니라 엄청난 군중에 둘러싸인 큰 홀 한 가운데 서 있다는 것을 깨닫는 데는 잠시 시간이 걸렸다.

아니 근데 그러고 보니까 나 진짜 사람들 다 보는데 서 죽었네... 에휴 내 팔자야.

아무튼 놀랍게도 이와 함께 내 키는 훨씬 작아졌고, 금발머리 또한 밤하늘 같은 까만 머리색으로 바뀌어 있었다. 복장도 두꺼운 하얀 옷에 검은 띠였다.

무엇보다, 넓고 시끄러운 이 곳의 에너지는 짜릿했고 주위의 사람들은 내게 뭐라뭐라 마구 외치고 있었다. 그리고 나는 내 멈춰 있던 심장이 빠르게 뛰는 것을 느낄 수 있었다.

"...나...살아난 거야? 아니면 하늘나라인가?"

그녀는 주변을 둘러보며 새로운 환경을 이해하려고 애쓰다가 나와 똑같은 복장에 파란 보호장구들을 착용하고 맞은편에 서 있는 덩치 큰 소녀를 발견했다. 상대방은 단호한 표정을 지어 보이고는 기합을 넣으며 주먹을 꽉 쥐었다.

내가 반응할 기회를 갖기도 전에 그녀의 주먹이 엄청난 속도로 나를 향해 날아왔고, 나는 상황을 어떻게 처리해야 할지 몰라 잠시 당황했다. 아니 첫 만남에 이렇게 얼굴에 선빵을 꽂아버린다고? 그것도 여자가? 확실히 여기는 정상이 아니었다.

"...? 하늘나라는 맞짱을 떠야 들어갈 수 있는 건가. 관문 같이...?"

전혀 이런 상황을 예측하지 못했던 나는 눈을 꼭 감고 쓰러질 준비나 했다. 그러나 내 몸은 그러고 싶지 않은 듯했다...
약간 '눈 감지마 짜식아' 라고 몸이 욕하는 기분이랄까? 묘하게 기분이 별로 였다.

그러나 순간 앞을 보니 나는 믿기지 않는 상황을 마주했다. 물속에 들어간 듯이 주위의 관중들의 함성이 왕왕거리며 작게 들려왔고, 나를 향해 오는 주먹이 아주 느린 속도로 보였다,

마치 시간이 멈춘 것처럼. 나는 본능적으로 날아오는 공격을 피했다.

'느리다.'

그냥 든 생각이었다. 절대 자만 따위가 아니다. 사실 이럴 때 아니면 이런 생각 언제 해 보냐.

그 이후로는 상대의 움직임을 쉽게 읽을 수 있었다. 마치 이 호신술을 평생 수련한 것 같았고, 내 몸은 언제 무엇을 해야 할지 정확히 알고 있었다.

그래, 어차피 하늘나라인데 내 마음대로 하자라는 생각을 하자, 갑자기 자신감이 솟아오르는 것 같았다. 나는 상대의 묵직한 주먹을 피해 우아하고 민첩하게 공중으로 뛰어올랐다. 하늘을 나는 기분이었다. 무엇보다 언제나 내 움직임을 억제하던 치마가 아니라 남성들이나 입을 법한 바지라서 그런지 동작이 하나하나 시원했다.

날아오른 나는 상대방이 당황해 미처 방어하지 못할 듯한 허점을 발견했다. 그리고는 공중을 한바퀴 돌아 다리를 쭉 뻗고 상대방에게 강력한 발차기를 하여 허를 찔렀다.

진작에 미친년으로 찍히는 한이 있더라도 새엄마 면상에 발차기 한 번 날려줄 걸, 지나간 시간이 조금 후회됐다.

아무튼 내 강력한 발차기의 충격으로 상대는 균형을 잃었고, 패배한 채 바닥에 쓰러졌다.

채 가라앉지 않은 흥분으로 가슴이 두근거렸다. 내가 경기장에서 승리를 거두자 관중들은 환호와 박수를 터뜨렸다.

나는 이 새로운 세계에 갑작스럽게 나타난 나의 모습과 내가 가지고 있는 것처럼 보이는 비범한 능력에 놀라움과 당혹감을 동시에 느꼈다. 이쯤이면 뭐 '하늘나라 시험에 통과하셨습니다.' 이런 문구라도 떠야 되지 않나?

거기에 서서 예상치 못한 승리의 영광을 누리고 있을 때, 나는 이곳에서 또 어떤 놀라움이 나를 기다리고 있을지 궁금하지 않을 수 없었다.

내가 예상치 못한 승리의 흥분에 휩싸인 채 경기장을 빠져나오자 작은 무리의 사람들이 감격한 표정을 짓고 걸어왔다.

한 명은 눈물 범벅이었고, 한 명은 미친 듯이 웃고 있었고, 한 명은 구진 표정을 걸고 있었다.

멀리서 보면 미친 사람들처럼 보였지만, 그들은 서로 어깨동무를 하고 하나같이 행복해 죽겠다는 기쁨과 자부심의 표정을 지었다. 나는 잠깐 내 옛 가족 들을 떠올릴 수 밖에 없었다. 언제나 차가운 표정의 그들은 저 가족처럼 보이는 일원과 비교하면 쇳덩이나 다름없었다. 잠시 입안에 도는 씁쓰름한 느낌에 저들이 내 가족이면 어땠을까... 라고까지 생각하고 말았다.

근데 그거 아나? 말이 씨가 된다는 거. 아니다, 입 밖엔 안 냈으니까 생각이 씨가 된다 인가?

그리고 그 생각은 현실이 되었다.

눈물 범벅이던 30 대 후반으로 보이는 한 여성이 갑자기 두 팔을 벌려 나를 향해 달려왔다.

"오, 신디! 정말 멋 졌어!"

그녀는 나를 따뜻한 포옹으로 감싸며 외쳤다. 신디? 나는 신데렐라인데?

혼란스러웠지만 어딘가 본 적도 없는 엄마를 상상하게 만드는 그녀를 밀어내고 싶진 않았기 때문에 나는 머뭇거리며 포옹을 되돌려주었다.

그녀는 물러서서 환한 미소로 나를 바라보았다.

"나는 항상 네가 성공할 걸 알았지, 우리 예쁜이."

예쁜이요? 예...쁜이? 아니 잠깐만 나 굉장히 혼란스러운데.

내가 동공지진을 일으키고 있을 동안, 그녀 옆에 서 있던 개구지지만 따뜻한 인상을 한 남자가 커다란 손을 내밀었다.

"1 등 축하한다! 넌 정말 멋있는 경기를 보여줬어." 그가 자랑스럽게 눈을 반짝이며 말했다.

아니 근데 혹시 저랑 아는 사이세요? 여기 하늘나라 아니야?

그리곤 그 옆에 미친 듯이 웃던 나보다 2 살 정도 많아 보이는 남자가 하는 말에 나는 제대로 충격을 먹고 말았다. 내가 죽었다는 걸 알았을 때 보다 더.

"와... 내 동생이 진짜로 전세계 짱을 먹는구나... 까불면 안되겠네 ㅋㅋ

잠만, 내 동생?...내 동생?...내 동생..? 저거 지금 나를 지칭한 거지?

"우리 예쁜이 주먹 맞고 쓰러졌을 때 내가 얼마나 걱정했는데..."

내가 쓰러졌었다고?

그 말을 기점으로 순간 내 머리 속에 갑자기 이상한 기억들이 스쳐 지나가기 시작했다. 분명 나는 겪은 적 없는데 내 머리는 겪었다는, 그런 아주 기묘한 기억들.

첫 번째, 내 이름은 신디이고 방금 내가 한 것은 국제 유소년 격투대회 결승전이었다. 그리고 나는... 13 살이다...? 아니 잠깐, 지금 나랑 장난하자는 거지? 난 23 살이야... 2...3... 아니 나 진짜 13 살 인가?

두 번째, 여기는 2023 년이다. 또 다른 나, 즉 방금 죽은 신데렐라가 살던 시기는 1423 년이고... 아니야 내가 미쳤지, 그래 여긴 하늘나라야. 난 죽었어. 죽었다고.

세 번째, 지금 떠오른 기억 중 가장 이상하고도 신기한 거. 저 사람들은... 내 가족이다.

아무래도 이 사람들도 내 변화를 몰랐나 보다. 한 가지 확실한 건, 난 달라졌다는 거다. 내 주변 환경도, 내 나이도, 모든 것도.

일단 내 기억들을 믿기로 했다. 한 가지 확실한 건 아무리 우겨봐도 여기가 하늘나라는 아닌 것 같다는 거다.

그거면 됐지, 뭐.

02
: 이 세계의 생활법

신디가 살던 집에 돌아온 나는 새로운 현실에 적응하느라 애를 먹었다. 그 집은 놀랍도록 높은 곳에 있었고, 많은 사람들이 함께 살고 있었다. 따뜻하고 매력적이기는 했지만 전에 본 적이 없는 장치와 기술로 가득 차 있었다.

처음엔 무슨 마법의 성인 줄 알았다. 속으로는 이 사람들 마법사 인건가. 라고 수 백 번은 생각했지만, 아무렇지 않은 척 해맑게 웃기만 했다. 뭐 전생의 내가 제일 잘하던 거니까.

오늘 하루 몰아쳤던 모든 일과 몰아쳤던 13 년의 기묘한 기억들에 피곤했던 나는 신디의 엄마에게 먼저 들어간다고 하고는 방으로 들어왔다. 아무것도 안 했는데 13 년의 세월에 나에게 더 해진 것 같았다.

나는 거울 앞에 서서 내 모습을 바라보았다. 그런데 놀랍게도 내 모습이 완전히 달라져 있었다.

항상 신데렐라 로서의 내 정체성의 일부였던 친숙한 금발 머리와 파란 눈, 창백한 얼굴 대신, 같은 이목구비를 가지고 있지만 현저하게 다른 긴 검은 머리와 빨간 눈, 생기 있는 얼굴을 가진 소녀를 보았다.

아니 뭐야, 내 얼굴 어디 갔어, 돌려줘요... 근데. 사실 되게 예뻤다. 이전의 내 인상이 인형처럼 예쁘지만 영혼 없는 인상이었다면 조용하고 차분한 분위기는 비슷하지만 붉은 눈동자 속에는 당찬 꿈이 들어있었다.

나는 혼란스러운 마음에 작은 책상 앞에 앉았다. 책꽂이에는 많은 책들이 꽂혀 있었고 나는 그중 보랏빛이 도는 작은 노트를 발견했다.

아마 내가 쓴 걸로 보이는 일기장이었다.

첫 날짜는 지금으로부터 몇 달 전이었고, 아무래도 이 때의 나, 아니 내가 아닌 신디인가? 아무튼, 통칭 신디는 첫 번째 날짜를 기준으로 학교라는 곳에서 6학년이 된 듯 듯싶었다.

신디는 격투기를 잘하지만 학교에서는 소심한 아이였... 아니 잠깐만, 이 얼굴과 이 힘을 가지고도 소심했다고? 나였으면 얘들이랑도 막 친해지려고 하고 되게 당당하게 다녔을 거 같은데. 아무래도 내 얼굴을 가졌지만 확연히 다른 아이였다. 일기의 내용들과 문득문득 떠오르는 기억들을 끼워 맞추다 보니 어느새 꽤 시간이 흘렀다.

밖에서는 가족들이 움직이는 액자, 아니 텔레비전인지 그거를 보는 모양이었다. 나는 천천히 생각을 정리했다.

그러니까 지금 1423 년의 신데렐라는 죽었고, 나는 2023 년의 신디가 된 거지, 신디는 전세계에서 제일 격투기를 잘하는 13 살이고, 가족들도 있고... 보니까 오빠 하고도 티격태격 하지만 잘 지내던 것 같고.

그리고 이 세계의 상식들은 내게는 생소한 것들이 너무 많았다. 특히 이 곳은 내가 살던 곳과 달리 남녀차별도 드문 듯했다. 가장 지긋지긋했던 신분제 또한 없었다.

와 아니 잠만 이거 천국 맞는 거 같은데?

그러던 중 갑자기 문득 떠오른 생각이 있었다. 내가 살던 곳도 이곳만 같았다면 엄마가 살아있지 않았을까? 나도 그냥 평범한 가정의 아이로 행복하게 자라나지 않았을까?

이런 저런 생각을 하다 보니 밤이 깊어져 갔다. 내일 학교도 등교해야 하는 데, 이러면서 중얼거리다 보니 어느새 나는 오랜만에 편안하게 잠들었다.

다음날 아침, 나는 새로운 각오로 학교로 향했다. 나는 두근대는 마음으로 교실의 내 자리에 앉았다.

평소에도 말은 없었지만 다들 알고는 지냈는지 간간히 인사를 건네 오는 친구들도 있었다. 그러나 그날 나는 '신디'라는 모습에 내 본 성격을 살짝 가미하여 변화를 주기로 결심했다.

사실 나는 성깔이 좀 있는 편이다. 뭐 어때,

그 환경에서 자랐는데 안 삐뚤어지는 게 이상한 거지. 나도 친구도 사귀고 싶었고 놀러 다니고 싶은 욕망은 강했다. 그저 외부의 압박으로 못했던 것뿐. 결국 센 성격을 잠재울 수밖에 없었다.

알다시피 그 시대의 사람들은 조금만 맘에 안 들어도 악마니 마녀니 하면서 다른 사람을 몰기 바빴다. 나는 오래오래 살고 싶었기 때문에 결국 센 성격은 순종 적이고 나른한 만사 귀찮은 성격으로 바뀌었는데 그 노력이 무색하게 일찍 죽어버렸다.

아무튼 그래도 1 년에 한 번씩은 꼭 딴 길로 샌다 던지 해서 다락방에 갇혀 있기 일 수였다. 될 대로 생각하라지, 어차피 그들 눈에 나는 한낱 평민의 몸에서 태어난 독한 년일 뿐이었다.

그래서, 나는 내게 주어진 새로운 기회를 이용하기로 했다. 나도 이제 재밌는 생활 좀 즐길 수 있으려나?

나는 이전의 신디가 늘 끼던 두꺼운 검정안경을 벗고 붉은 눈을 모두에게 드러냈다. 얘는 왜 이 이쁜 눈을 가리고 다녔나 몰라, 안 그래도 내 얼굴 닮아서 축복받은 얼굴인데.

내 갑작스러운 변화에 친구들은 놀란 듯했다.

"신디야! 너 되게 예쁘다! 왜 가리고 다녔어?"

그러게 나도 그게 의문이야 이 귀여운 말랑콩떡하게 생긴 애기야,

아 참, 말 안한 게 하나 있다. 사실 지금 내 겉모습은 13 살이지만, 정신연령은 23... 살이라서 지금 내 친구들은 다 하나같이 내 눈엔 너무 귀엽게 보인다는 거!

특히 방금 나한테 말 건 얘 너무 귀여운 거 같다. 예쁜 초록머리에 말랑한 볼 살... 진심 이게 가끔 몰래 보던 소설에서나 읽던 힐링 이 세계 라이프다. 아니 미래 라이프 인가.

그때, 선생님이 들어오셨다.

"자 여러분- 수업을 시작 할테니 모두 자리에 앉으세요!

오 정신디 안경 벗었네? 예쁘구나, 국제 대회 우승해서 자신감이 생긴 거니?"

"오오 신디 우승했어? 축하해!"

반 아이들이 내게 환호를 하고 박수를 쳐주니 괜스리 뿌듯해졌다. 그리고 선생님한테 칭찬받았... 아니 이게 아니지 저 선생님 너랑 나이 비슷해. 정신차려... 어째 13 살의 몸이 되니까 정신도 어려지는 듯한 느낌이었다.

나는 자리에 앉아 교과서를 꺼내서 수업을 준비했다. 확실히 좋은 성적을 받아서 기분이 좋다던 일기 속 말이 틀리지 않았는지 내 몸은 익숙하게 예습, 복습, 정리까지 모두 끝마쳤다. 과거의 나 칭찬해.

선생님은 수학 수업을 시작했고 나는 집중하기 위해 최선을 다했다. 물론 하나도 이해가 안 갔지만. 그때 선생님이 내 이름을 부르셨다.

"신디! 앞에 나와서 여기 이 문제 좀 풀어 보렴."

망했다. 나 정말 아는 게 없는데.

나는 도살장에 끌려가는 느낌으로 자리에서 일어났다. 아니 저기 내가 뭔 죄가 있다고... 공개처형이야?

결국에는 1+1 은 1 이라도 써 봐 야지 하는 심정으로 분필을 들었다. 근데, 어라? 내가 왜 이걸 알고 있을까? 그리고 또 내가 이걸 어떻게 말하고 있을까...?

"자 그러니까 여기서 계산을 이렇게..."

복잡한 계산을 하고 문제를 해결하면서 나는 분명 뇌는 '까만 것은 글씨요 하얀 것은 백지 이니라' 하고 있는데 손은 저절로 답을 써내려 가는 신기한 경험을 했다.

심지어는 그게 이해가 되었다. 정말 놀라운 발전이었다. 약간 나에게 격투기라는 능력이 생겼을 때 랑 비슷한 기분이었다. 아무래도 이전 신디는 만능 캐 같다.

나는 과학과 국어 수업도 들었다. 요점 정리가 깔끔히 되어있는 책을 보면서, 나는 참 세상이 많이 발전했구나 싶었다. 형광 펜이라니... 색깔이 있는 싸인 펜이라니...

무엇보다 가장 행복했던 건 내가 공부를 하고 있다는 거다. 새언니들이 맨날 개인교습을 듣고 와서 쌤 뒷담 까는 거나 들었지, 내가, 내가, 실제로 해 볼 줄은 몰랐다는 거다... 이제 보니까 언니라는 작자들 복에 겨웠네 아주 그냥,

수업이 끝나고 쉬는 시간이 되었을 때, 나는 화장실이나 가야지라고 생각하며 소지품을 챙겨 머리를 높이 들고 복도로 나갔다.

나는 과거의 내 시간은 끝났지만 내 인생은 끝나지 않았다는 것을 알았다. 인생 2 회차, 기왕 이렇게 된 거, 나 좀 당당하게 살아보자. 나는 미래의 도전에 맞설 준비가 되어 있었고 앞에 놓인 기회를 최대한 활용하기로 결심했다.

...라는 걸 실천하려면 일단 친구부터 사귀어야 겠지?

사교계의 여인들이 가식이나 떨고 우아하게 새끼손가락 하나를 올리고 차나 퍼 마시던 걸 난 아직도 잊지 못했다. 그 차 한잔만 줄여도 평민 한 사람이 사는데, 쯧.

이런 저런 생각을 하면서 복도를 거닐던 중 문이 닫혀 있는 비상 계단에서 떠들썩한 소리가 들렸다. 오지랖이라는 걸 알면서도 궁금한 마음에 문을 열어보니, 큰 덩치의 무리들이 더 작고 연약한 학생을 조롱하고 있었다.

음, 쟨 나한테 예쁘다던 그 같은 반 말랑콩떡 귀요미 아니냐. 가엾은 아이의 얼굴은 부끄러움으로 붉게 달아올랐고, 금방이라도 눈물이 날 것 같았다.

순간 내 마음은 분노로 부글거렸다. 어차피 인생 2회차, 나는 눈에 보이는 것이 없는 사람이었다. 저 귀요미의 예쁜 눈에서 눈물이 나게 만들어?

너네 오늘 싹 다 뒤졌어.

무력(?)에서 비롯된 근거 있는 자신감은 나에게 어서 자 자식들에게 한 소리 해! 라고 재촉했다.

나는 무리에게 다가갔고, 검은 머리가 내 뒤로 휘날리며 내 붉은 눈이 내 피를 끓게 만드는 비웃음을 가진 키 크고 근육질의 소년에게 굳게 고정되었다.

아무래도 얘가 대장 같았다. 묘하게 사람을 화나게 만드는 게, 꼭 새언니들 같단 말이지.

"거기, 지금 뭐하는 거지?" 나는 차갑고 흔들리지 않는 목소리로 말했다.

그 무리들은 내가 갑자기 끼어들자 당황한 표정으로 나를 쳐다보았다. 얼굴에 '쟨 뭐야?' 라는 물음표가 달려있었다. 그 꼴이 같잖게 보여 픽, 하고 웃었다. 소년과 무리는

"뭐 야, 처음 보는 앤데? 아 그 안경 끼고 아무 말도 못 하던 걔 아니야?"

라고 비웃었다.

근데 이전 신디야, 너 만능 캐 인건 알겠는데 이건 좀 별로다. 저 면상에 진작 주먹을 날렸어야지, 격투기 배워서 뭐 할래? 쯧.

"내가 누군지는 알 바 없고, 대충 쟤 친구니까 쟤 그만 놔줬으면 하는데."

나는 그를 내려다보며 냉정하게 답했다.

하지만 그들은 내 말을 귓등으로도 안 듣는 듯했다. 나이도 어린 게 어디 어른 말을? 아, 같은 나이 맞나,

내가 대답하자 그게 그들의 심기를 건드렸는지 저들끼리 뭐라 쑥덕쑥덕 하다가 대뜸 내 뺨을 내리쳤다.

"-짝"

"...?"

"자, 이제 신경 끄고 꺼져."

하지만 그들의 말을 안 듣는 건 나도 마찬가지였다. 와 지금 쟤네 내 얼굴 때린 거니? 이게 얼마나 귀한 얼굴인데, 무려 한 나라의 왕자도 꼬셨던 얼굴인ㄷ... 아 아무튼 귀찮아서 그냥 넘어가려 했더니 이거 안되겠네.

깊은 빡침이 올라온 나는 마치 제가 귀족이라도 된 것처럼 우쭐대는 그들에게 본 때를 보여주기로 했다. 번개처럼 빠른 속도로 나는 격투기 자세를 취했고, 두 발은 단단히 고정하고 두 손은 방어적으로 치켜들었다.

나는 그들의 얼굴에 내 주먹을 꽂아주...려고 했으나 첫 날부터 사고 치고 싶지는 않았기 때문에 그냥 겁만 좀 먹도록 날 향해 다시 날아오는 남자 얘의 팔을 꽉 붙잡았다. 처음엔 팔을 빼내려고 하다가 내 악력에 안 빠지니 당황했는지 다시 한번 나를 때리려 했다.

그렇다고 내가 또 맞을쏘냐.

예상대로 그 경기장 에서처럼 느리게 보이는 그의 발차기를 가뿐히 피해주곤 말했다.

"느려."

"무..뭐?"

캬 이 맛이지. 당황한 표정이 보기 좋았다.

멍한 표정으로 있다 나에게 다시 공격을 해오는 그들에게 높은 하이킥으로 어깨 부근을 살짝 가격해주곤 빨갛게 달아오른 대장 소년의 얼굴과 바로 몇 센치 떨어진 곳에 주먹을 꽂았다.

"-쿠웅"

아니 잠깐만, 나 분명 겁만 주려고 했는데...? 내 주먹이 닿은 자리에 미세하게 금이 가면서 후두둑, 하고 작은 파편들이 떨어졌다. 몇 개는 대장의 얼굴의 작은 생채기를 냈다. 하지만 신기하게도 내 주먹에는 작은 상처 하나 없었다.

어후, 나는 얼마나 센 거야.

내가 당황해 있는 사이 그 애는 겁을 먹었는지 막 울면서 잘못했다고 무릎을 꿇었다.

나는 다시 마음을 가다듬고 조용히 고개를 끄덕이며 경계를 낮추었지만 여전히 그들을 주시했다.

"사과는 내가 아니라 얘 한테 해야지."

"미안, 미안해...!"

"기억해. 네가 다시 이 애를 괴롭히는 걸 내가 본다면, 그 땐 내 주먹은 벽이 아니라 너를 부술 거야."

그들은 겁에 질려 빠르게 물러났고 나는 그들이 괴롭히던 말랑콩떡 초록머리, 그러니까 나의 같은 반 친구, 김하나에게 눈을 돌렸다. 하나는 여전히 떨고 있었지만 반짝거리는 눈을 크게 뜨고 나를 올려다보았다.

"정말 고마워, 신디, 너 진짜 멋있다."

그녀가 여전히 떨리는 목소리로 말했다.

나는 따뜻하게 웃어주며 일어서도록 손을 내밀었다.

"고마워, 다친 곳은 없어?"

03
: 사고는 요정이 치고 뒷수습은 내가

내가 그 자식들을 깨부순, 아니 벽을 깨부순 날부터 학교의 분위기가 더 좋아진 것 같았다. 더 이상 그 무리는 친구들을 건들지 않았다, 내가 소위 '일진'을 이겼다는 소문이 빠르게 번졌고 친구들도 내 바뀐 성격에 하나 둘 다가오기 시작했다. 그렇게 인맥도 늘려 갔지만 특히 내가 지켜주었던 하나는 내겐 둘도 없는 친구가 되었다. 우린 평범하게 함께 음악도 듣고,

"신디야!!!! 이거 들어봐!!!!!"

열심히 공부도 하고,

"아, 공부하기 싫다... 아 그래! 신디야. 우리 땡땡이 칠래?"

공부하다 싫으면 내키는 대로 치킨 집도 가고

"웅냠, 역시 아무 생각 없이 뜯는 치킨이 젤 마시써, 웅냠냠"

사실 난 이때 치킨을 처음 먹어봤는데, 기절할 뻔했다. 너무 맛있어서... 아니 어떻게 음식에서 이런 맛이 나는 거지?

아무래도 이걸 처음 발명한 사람은 떼돈을 벌었을 게 틀림없다. 이건 진짜 바삭함과 고소한 닭의 조화가 완벽한 천상계음식이다.

아무튼 주접은 이쯤하고 그렇게 우리는 서로에게 든든한 힘이 되어주었다. 내겐 그 평범하고 잔잔한 일상들이 너무 행복했다. 이로써 꼭 해보고 싶었던 버킷리스트를 채운 느낌이었다.

학교 생활은 점점 내게 웃음과 모험으로 가득 찬 새롭고 흥미진진한 것이 되었다.

나를 막을 사람이 없는 이 곳에서 친구들과는 점점 더 가까워졌고, 새로운 수업과 경험을 할 때마다 신데렐라의 정신과 신디의 몸이 나를 인도하면서 하루하루가 더 즐거워졌다.

그러던 어느 날 선생님께서는 학급친구들에게 과제를 하나 내주셨다.

"여러분, 오늘의 숙제는 격동의 시기라고 불리는 1400년대 초반에 일어난 자유 혁명에 대해서 알아보고 발표하는 거예요!"

1400년대 초반? 그렇다면 내가 살던 시대잖아. 그때 자유 혁명 같은 게 있었어?

"자 그럼 다들 제비뽑기를 할 테니 그 짝과 함께 조사하고 발표하시면 됩니다!"

선생님께선 텔레비전, 좀 있어 보이게 말하면 TV 에 포함된 작은 기능으로 몇 초만에 뽑기를 끝내시곤 칠판에 짝을 적어 주셨다.

"유하나, 정신디."

오아 말랑콩떡 우리 하나랑 짝이구나!

우리는 서로의 손을 잡고 방방 뛰면서 발표 계획을 세우기 시작했다.

우리는 자유 혁명 조사를 시작하기 위해 일단 방과 후에 도서관에서 만나기로 했다. 하나는 먼저 도서관에 가서 이 행사에 대해 더 많이 알 수 있는 책과 기타 자료를 찾아보자고 했다.

이 전에 가 봐서 대출카드까지 있는 나는 동의했고 우리는 도서관으로 향했다.

그곳에 도착했을 때, 하나는 이미 온라인에서 찾은 긴 책 목록을 꺼냈다. 확실히 내가 친구는 참 잘 됐다니까, 너넨 이렇게 귀엽고 꼼꼼한 친구 없지?

아무튼 우리는 책을 찾기 위해 이 책장 저 책장 사이를 춤추듯 돌아다니며 책들을 뽑아 들었다.

책에 양이 생각보다 많은 걸로 보아 꽤 중요한 거 같은데.

다 뽑아 들고 나선 재미있어 보이는 몇 권의 책을 발견했고 하나와 나는 한 권씩 집어 들고는 책을 읽기 시작했다.

물론 책에 젬병인 하나는 얼마 안가 잠들었다.

나는 그녀의 몰랑한 볼 살이 너무 귀여워서 콕콕 찔러보았다.

"음냐..."

나는 피식 웃고서는 책을 읽기 시작했다.

"때는 1423 년 X 달 XX 일이었고 왕국은 혼란에 빠졌습니다"'

이건 내가 죽고 정확히 1 달 뒤 날짜다.

그래 이건 맞지,

내가 죽었을 때만 해도 물가가 치솟고 세금이 급등했으니까.

"수십 년 동안 통치한 왕은 가혹한 정책과 부당한 통치로 인해 점점 유약 해졌고. 왕국의 백성들은 그의 폭정에 싫증이 났습니다. 또한 변화를 받아들일 준비가 되어 있었죠"

나만 해도 세상을 폭발시키고 싶긴 했어.

"자유 혁명은 한 남자, 그러니까 당시 리베라, 플루토, 등의 암호명으로 알려져 있던 에덴이라는 이름의 한 사람이 자신의 새로운 사상, 즉 신분제 폐지와 평등을 성 바깥 작은 마을에 퍼트리는 것부터 시작이 되었습니다.

그들은 조용히 모여 다음 행동을 계획하였고, 그들은 잡히면 감옥에 갇히거나 심지어 사형을 당하는 등 엄중한 처벌을 받게 될 것임을 알고 있었습니다. 그러나 그들은 그들의 권리와 자유를 위해 싸우기로 결심했습니다.

혁명은 점점 더 많은 사람들이 그들의 대의에 합류함에 따라 추진력을 얻었습니다. 처음에는 평민들, 그 다음은 상인회, 그 다음은 근위대, 마지막으로 군대 고위직 간부까지.

그들은 왕의 세금 징수를 방해하고 마을과 도시를 불안하게 만드는 것으로 시작했습니다. 반역이 점점 거세지자 그들은 때가 왔다고 느끼고는 왕성으로 진격할 계획을 짜기 시작했습니다.

상황의 심각성을 깨달은 왕은 경비대 소속 토마스에게 스파이 노릇도 시켜보고, 군대에 반란을 진압하라고 명령했습니다. 반군은 수적으로 열세였고 화력도 열세였지만 자유와 정의에 대한 열정으로 원동력을 얻었습니다. 갈등이 계속됨에 따라 왕과 그 가족들은 점점 더 피해망상증에 빠졌고 반란을 지원하는 것으로 의심되는 사람은 누구든지 관여하지 않았더라도 처벌을 명령하기 시작했습니다. 심지어는 서로를 죽이기까지 했습니다. 이것은 백성들 사이에 공포와 분노를 불러일으켰고, 많은 사람들이 공개적으로 왕의 통치에 반대하기 시작했습니다.

마침내 일어난 X 월 XX 일 XXX 전투로 반란군은 왕궁에 대한 기습 공격에 성공했습니다. 왕과 왕자는 마지막까지 서로를 의심하다가 결투 중 동시에 찔려 죽었고, 그 빈 자리에는 공정하고 정의로운 에덴과 그의 가까운 동료들을 수장으로 새 정부가 수립되었습니다.

자유 혁명은 쉽지 않았고 그 과정에서 많은 생명을 잃었지만 왕국의 백성들은 자유를 얻었고 평화와 번영 속에서 살 수 있었습니다. 1423 년의 OO 자유 혁명은 인민이 권리를 옹호하고 더 나은 미래를 위해 투쟁한 전환점으로 역사에 기록될 것입니다"

아깝네, 나도 그 세상을 한 번 보고 싶었는데.

책을 덮었을 때, 갑자기 휴대폰의 진동이 울렸다. 오빠가 보내온 문자였다.

(지잉)

엄마-[신디야 언제 끝나니~~~ 빨리 오렴~~~]

오빠-[올 때 아이스크림~^^]

아빠-[아빠님께서 10000 원을 보내셨...]

정말 '우리' 가족 답다. 여기 있으면서 내가 느꼈던 또 한가지는, 계속 발전했던 세상은 점점 더 밝아졌다는 거. 내 옆에는 좋은 사람들이 많다는 거 정도.

아 참, 요새 오빠는 여름이라서 그런지 어째 하루가 멀다 하고 아이스크림, 아이스 티, 하다못해 그냥 얼음까지 가져다 달라고 할 판이다.

그래도 뭐 새언니들에 비교하면 천사다 천사. 그래선지 괜히 더 챙겨주고 있다.

나는 하나를 살짝 흔들어 깨우곤 먼저 간다고 속삭였다.

"하나야, 나 먼저 갈게, 대출은 내가 해서 나중에 줄 테니까 발표 준비는 내일마저 하자."

"웅 구래,"

하나는 발음이 너무너무 귀엽다.

나는 자유 혁명의 과정을 정리한 책 몇 권, 그리고 사실 관련은 없지만 집에서 해먹으려는 생각으로 우연히 북 카트에서 발견한 내 이 세계 최애 음식 치킨 조리법까지 모두 대출을 마치곤 슈퍼로 향했다.

오늘은 뭐 먹지? 어차피 아빠가 용돈은 두둑히 주셨으니까 아무거나 골라야지,

나는 횡단보도를 건너면서 시원한 아이스크림을 생각하며 미소를 지었다.

하지만 그래서인지. 나는 트럭이 나를 향해 돌진하는 것을 눈치채지 못했다.

"끼익- 쿵!"

내가 눈치챘을 땐 이미 늦었다. 피하기도 전에 트럭은 나를 세게 들이받았고, 모든 것이 커텐을 내린 듯 검게 변했다.

04
: 무도회의 신데렐라

나 또 죽은 거야?

하지만 이 생각을 하기 무섭게 나는 벌떡 일어났다. 여기 횡단보도 아니 잖아.

거울을 본 나는 신데렐라, 그러니까 신디가 되기 전의 내가 살던 다락방에 낡은 원피스를 입고 책이 든 가방을 맨 채 다락방에 서 있는 나를 발견했다.

새카만 머리는 다시 밝은 노란 머리가 되었고, 타오를 듯 붉었던 눈은 잔잔한 하늘빛 눈이 되어있었다.

그리고 눈을 돌린 곳에, 오늘이 비극적인 결말을 맞은 무도회 날이라고 표기된 달력이 내 앞에 쓰여 있는 걸 보고, 나는 내 눈을 믿을 수가 없었다.

그러니까 나 이제 인생 3회차 인 거네.

나는 내 침대에 걸터앉아 조용히 마음을 가다듬었다. 이게 뭐야. 그러니까 지금 나는 그 무도회 날 저녁, 새엄마 때문에 다락방에 갇혀 있는 상황이었다.

분명 몇 달 전까지 있던 곳이지만 이질적으로 느껴졌다.

정말 이게 뭐하는 거람, 헛웃음이 절로 나오는 상황이었다. ~알고보니 꿈이었더라~ 라는 결말과 이게 다를 게 뭔가?

신은 허점투성이인 것 같다. 다시금 세상을 폭발시킬까 고민했다.

"-빠라방!"

그때 요정이 내 앞에 모습을 드러냈다. 그녀는 요란한 빵빠레 소리와 함께 나타났고, 주변에서 날리는 반짝이 가루를 옷에서 털어내며 투덜거렸다.

"하여간 인간들의 동심이란 알 수 없단 말야. 그냥 슥, 나타나면 편한 데 맨날 귀신이다! 그러면서 도망가고 굳이 불편하게 이러면 요정이다! 이런 단 말이지."

근데 확실히 반짝이 가루와 빵빠레 소리는 조금 웃기긴 하다. 요정은 이내 내가 뭐라고 할 새도 없이 다시 말을 이어갔다.

"일단 앞뒤 생략하고 네가 이 곳으로 돌아온 이유가 있어. 알다시피 넌 다른 사람들과는 달리 죽고 나서 미래에 가게 됐지. "

사실 여기에 내 실수가 있었어. 몇 달 후 일어날 자유 혁명에서 플루토의 성공을 돕는 동료가 내가 과일을 따러갔다가 마주쳤는데 효과음을 안 넣는 바람에 날 귀신인 줄 알고 놀라서 나무에서 떨어졌어, 아휴... 그 인간도 참 겁만 많아서 어떻게 자유 혁명을 이끌었는 지 의문이네, 괜히 나만 상사요정 영감탱이 한테 깨졌잖아. 아무튼 이 때문에 그 친구가 예정된 날짜에 제대로 싸울 수 없게 됐어.

그래서 너를 미래로 보내서 적절한 능력과 지식을 습득시켜서 그 대타로 세워서 자유 혁명을 완수시키려 한거야. 안 그러면 모든 역사가 바뀌어서 모두 엉망이 될지도 몰라. 대신 임무를 잘 완수하면 미래로 다시 보내줄게 "

뭔 소리인지 하나도 모르겠지만 아무튼 요약을 해보자면 다 당신 탓이라는 거잖아?

"자 그러니까 간단하게 말하자면 그냥 자유 혁명이나 제대로 성공시키고 와라- 이 소리야. 뭐 지금 너는 미래에서 온 현자 포지션이니까. 그럼 나 간다."

요정은 용건만 간략하게 말하고는 다시 사라졌다. 참 나, 내가 발로 해도 저거보단 요정일 잘하겠다.

나는 살짝 주먹을 쥐었다 풀어보았다. 다행히 아직 신디 때의 힘이 남아있는 듯했다. 일단 나는 다행히 같이 온 내 책가방을 열어보았다. 아직 자유 혁명에 관련된 책들이 차곡차곡 쌓여 있었다.

다시 한번 책들을 열어 조금씩 살펴보면서 나는 새로운 목적에 살짝 재미를 느끼기 시작했다. 나는 미래로 돌아가는 길을 찾아야 한다는 것을 알았지만, 내가 지금 있는 세상을 변화시킬 기회가 있다는 것도 깨 달았다.

우리 친어머니가 안 죽을 수도 있었던 기회, 늦게나마 내손으로 직접 만들어 주고 싶었다.

나는 일단 무도회에 참석하기로 결심했다.

사교계는 여러 이면이 있다. 가장 가식적이고 재미없는 곳이지만, 다르게 보면 가장 재미있는 소문들이 떠돌고 다니는 곳이기도 했다.

누가 누구랑 사귀고 누가 누구랑 싸웠고... 분명 그 자유혁명이, 그러니까 '에덴'이라는 이름과 리베라, 플루토 라는 암호명 말고는 알려진 정보가 없는 그 미스터리한 주동자에 대한 실마리도 있을 것이다.

그런데, 일단 이 집을 어떻게 탈출하지?

저번에는 마법의 도움을 받았지만, 이번의 나는 요정의 도움 없이 나만의 길을 개척하기로 결심했다. 사실 그 요정뭐시기랑 한 일 중에 잘 풀린 게 없어...

나는 어렸을 적에 짧게 배웠던 바느질에 대한 기억을 떠올려 습득한 기술을 사용하여 왕실 무도회에 참석할 수 있는 아름다운 드레스... 를 만들려고 했으나 실력이 안되는 탓에 그냥 새언니들의 옷장에서 가슴께에는 황금색 나비로 자수가 놓인 드레스를 하나 꺼내 입고 머리에는 장식을 달았다.

그러고서 거울 앞에 서서 한 바퀴 휙 돌아보니, 요정이 꾸며주었던 것 못지않게 아름다웠다.

'흠, 사교계의 고귀한 영애들이 보시면 아주 깜짝 놀라겠는걸?'

나는 내 모습을 보고 얼빠진 얼굴들을 상상하며

"-빠각"

문에게 돌려차기를 시전하니 허술한 나무문은 쉽게 부서졌다. 날 그렇게 가두던 것이었는데 겨우 이 정도로 부서지는 걸 보니 조금 허망했다.

예상대로 집에는 아무도 없었다 나는.

-집에 다시는 안 돌아 올거다. 앞으로는 니네가 알아서 놀고 먹고 잘 하길 바란다.-

라는 메모를 남기고 아버지가 물려주신 작은 함 또한 부숴버리고 담긴 보석들을 꺼내 가방에 그냥 넣었다. 뭐 언젠가는 필요 하겠지? 나는 자유 혁명 관련 책과 치킨 조리법이 아직 남아있는 내 책가방을 챙겨 집을 나섰다.

호박마차가 아닌 튼튼한 두 다리로 씩씩하게 걸어 그랜드 무도회장에 도착하자 호화로운 건물이 나를 맞이했다.

분명 그땐 이게 엄청 화려해 보였는데, 스마트 홈 시스템을 경험해본 내게는 빛 좋은 개살구였다.

살짝 둘러보니 교과서에서 보았던 왕국 각지에서 온 고위 인사, 귀족들이 각자 가장 좋은 옷을 입고 홀을 가득 채우고 있었다. 사실 옛날에 방문했을 때도 마주친 적이 있지만, 이 사람은 누구이고 뭘 하는 사람인지 아니 더 신기했다.

몇몇 남자는 내게 춤을 청해 오기도 했다.

해군 장교 시오부터 부패한 서기관으로 결국 처형당한 팔수스까지,

물론 일단은 모두 거절했다. 팔수스는 조금 치근덕거려서 나오느라 애를 먹었다. 눈에 띄어서 혁명에 좋을 건 없으니까.

나는 인파 속을 헤치고 이동하면서 사람들을 살짝 훑어보았다.

'배고프다'

사실 딴 생각을 더 많이 하긴 했다. 아... 치킨 먹고 싶다.

나는 댄스 플로어 가장자리에 있는 식탁에 다가갔다. 절대 배고파서 그런 것이 아니라 분명 맛있는 게 있으니 좋은 소문도 있겠지 하는 마음이었다. 절대로 배고픈 건 아니다.

주위에 선 화려한 옷을 입은 귀족자제들이 나를 보고 내 출신을 거론하며 쑥덕거리는 게 들렸다.

나는 뭐 어쩌라고, 라는 마인드로 식탁에 차려져 있는 초콜릿을 하나 까서 입에 넣었다. 미안한데 너희들이 아무리 뭐라한대도 나는 위대한 미래에서 온 현자님이시다.

내가 그렇게 속으로 그들을 비웃고 있을 때 누군가 내 등을 톡톡, 건드렸다. 뒤를 돈 나는 아름다운 분홍색 드레스를 입고, 가식적이게 보일만큼 눈이 휘어져라 웃고 있는 한 예쁜 여성을 발견했다. 그녀는 왼손에 와인잔을 들고 나에게 말을 건넸다.

"참 화려한 옷이네요. 영애와는 전혀 다른 걸요."

저거 지금 비꼬는 거지?

"고마워요. 어머, 정말 예의 바르시네요. 그 쪽은 그 고운 입으로 와인이나 드시면 정말 더 예쁘실 것 같습니다 ㅎㅎ."

그러자 그 여자는 예쁘게 웃던 미소를 싹, 지우고는 내게 답했다.

"어머, 그 쪽이야 말로 마셔야 하겠는데요?"

그러고는 바로 내 머리 위에 와인을 부었다.

초면부터 이러면 어쩌자는 거지. 차가운 와인이 머리에 닿는 순간, 카운터 펀치를 날릴까 말까 날릴까 말까... 충동이 들었다. 참을 인, 참을 인, 참을 인...

"너 같은 평민이 여길 왜 와? 설마 자기가 왕자님의 짝이라도 될 줄 알았나 봐? 진짜 웃겨. 얼굴 좀 반반하다고, 내 약혼자에 꼬리를 쳐?"

응? 약혼자?

아. 레이디 마리포사. 아까 내게 춤을 권하던 서기관 팔수스의 약혼녀. 사치 끝판왕에 결국 처형 엔딩... 아니 근데 그럼 유부남이 나한테 춤 신청을 한 거야? 어이없네.

= 엮여 보았자 좋을 거 없다. + 적당히 눈치나 주자.

어느새 붉은 보라빛 액체가 볼을 타고 흘렀고, 그 여자의 뒤에선 여인들이 부채로 입을 가리고 킥킥대고 있었다. 참을 인... 아 이거 좀 빡치는데. 왜 어디 가나 이런 놈들은 다 있을까? 2023년이나, 1423년이나....

나는 아무런 대답없이 표정을 굳혔다. 그리고는 곧장 공격자세를 취하고 주먹을 뻗었다.

"쉬-익"

내 주먹이 공기를 가르고 그녀의 얼굴을 향한 순간,

나는 그 예쁘고 높은 콧대에서 몇 센치 떨어진 곳에서 움직임을 멈췄다. 내가 힘을 조금만 더 주었어도 내 주먹은 그녀의 얼굴을 강타했을 것이다.

"영애, 장난질은 이만 하시죠."

나는 마리포사만 들을 수 있게 조용히 속삭여주었다. 그녀의 하얀 얼굴이 더 창백하게 질렸다.

"가...감히 평민이..."

하, 결국 돌고 돌아 신분이네.

"평민이고 나발이고, 그럼 저는 일개 평민이고 빽도 없고 잃을 것도 없는데, 그럼 그냥 그쪽 칠까요?"

"쳐! 쳐보라고!"

아무래도 자신이 평민에게 진 게 창피하다는 얼굴이었다. 그리곤 갑자기 최후의 발악이라도 해보려는 듯 그 여자는 나에게 먼저 와인잔을 던졌다.

응~ 어차피 느려~

역시나 순간 주위소리가 줄어들었고, 날 향해 느리게 오고 있는 와인잔이 내 옆을 지나갔다,

나는 정말 아무 생각 없이 공중에 띄워진 잔을 손으로 탁, 집었다. 와인잔의 얇은 부분이 손가락 사이에 끼워지고, 나는

옆에 있던 오렌지 주스를 따서 조르륵 따라 들이켰다.

아, 달다 ㅎㅎ

"너... 너 뭐야."

"적어도 저는 당신 머리에 주스를 붓지는 않을 테니 염려마시죠, 레이디 마리포사. 그런데, 뭐 사과를 안 하신다면야..."

내가 살짝 웃으면서 찰랑거리는 주스를 들어 보이자 조금 흠칫하더니

"죄, 죄송합니다. 제가 실수했네요."

미안하다고 살짝 굽히고는 제 친구들에게 빠르게 돌아가려다 치맛자락을 밟고 크게 넘어지고 말았다.

자업자득이다. 그러니까 얌전히 초콜릿 먹고 있는 사람한테 왜 그래. 그녀는 벌떡 일어나 빨갛게 달아오른 얼굴을 감싸고 울면서 그 곳을 벗어났다.

시크하게 휙, 뒤를 돌아준 나는 조금 우쭐해 있다가 무언가 신비한 느낌이 드는 정장차림의 남자와 눈이 마주쳤다. 나를 뚫어져라 마주보는 그에, 뭘 봐. 라고 말할 뻔했지만 그자는 갑자기 나에게 갑자기 말을 걸어왔다.

"영애, 이야기를 조금 나누고 싶습니다."

방금 초면인 사람 얼굴에 주먹을 꽂으려는 걸 보고도 이야기를 하고 싶은 마음이 있는 건가?

아무튼 흥미를 느낀 나는 그에게 다가갔고, 우리는 춤에 휩쓸리기 전에 짧은 이야기를 나누었다.

"성격이 참 당차시네요. 비꼬려던 건 아니니 제 얼굴에 주먹을 날리진 말아 주시죠. 진심으로 멋있어 보여서 하는 말입니다."

우리는 손을 맞잡고 춤을 추기 시작했다.

"뭐, 제가 좀 한 성깔 하죠. 같은 사람을 무시하는 데 굳이 가만히 있을 이유는 없으니까요."

정열적인 왈츠와, 어우러지는 사람들.

"무술만 뛰어난 줄 알았더니 멋진 열린 생각을 가지고 계시네요."

우리는 스탭을 밟고 움직이며, 함께 플로어를 떠돌았다.

나를 동경또는 비웃음이 섞이지 않은 눈으로 바라보는 건 그자가 처음이었다. 심지어 성격은 더럽고 노란 드레스는 새빨간 와인 범벅이 되어있는데도 말이다. 우리는 댄스 플로어를 우아하게 춤을 추며 가로질러 이동했다.

"그래서 이름이 뭐죠?"

"그냥... '리베라'라고 불러 주시면 됩니다. 가끔 돈 주면 경비 서주는 일을 하고 있죠"

어? 어어? 어어어?

'리베라'라면, 에덴이라는 그 자유 혁명가의 암호명이잖아. 자료조사를 위해 읽었던 책에 적혀있던 이름이었다. 그래서 아까 내 옷 같은 것을 신경쓰지 않았던 건가. 소문을 주우러 왔다가, 소문의 장본인을 만나 상황이었다. 미래의 언어로 말하자면 이른바
...개꿀.

책 속 그는 우리 사회의 억압적인 신분제도를 무너트리고 차별을 끝내기 위해 노력한 자유 혁명가였다.

그는 현 정권 하에서 고통받는 사람들의 이야기를 나누며 보다 정의롭고 공평한 세상을 만들기 위한 변함없는 의지를 내세웠다.

그러니까 요약하자면, 이 사람 놓치면 안된다.

05
: 루나 피에나

"리베라, 혹시 저랑 끝나고 이야기를 조금만 더 나누실래요?"

한 곡이 끝나고, 오히려 내가 더 이야기를 나누기 위해 그를 무도회장 밖으로 이끌었다. 길가는 한적했고, 불 켜진 가게들이 펼쳐져 있었다.

"안전한 장소가 필요해요. 할 말이 있어요."

그러자 에덴은 친절한 미소를 지우고 살짝 냉소를 띄우면서 내게 말했다.

"당신이 나쁜 사람이 아니란 건 알지만, 내가 굳이 당신을 믿고 이 시간에 대화를 나눌 용의가 있지는 않은 것 같네요. 이제 밤도 늦었는데 영애는 그만 집으로 가셔야 하지 않을까요?"

자유 혁명이 들키면 자신의 신변은 물론 동료들까지 죄다 몰살당할 수도 있단 사실을 잘 아는 것 같았다.

아마 내게 말을 걸었던 건 조금 편견을 깨는 사고를 가졌다 생각해서 떠본 거였겠지.

차가운 그의 말에 나는 다시금 그도 리더라는 사실을 상기했다.

"그럼 저와 협상을 하나 하시죠. 그리고 제가 굳이 밤을 무서워할 건 없다는 건 그쪽이 더 잘 아시지 않을까 싶네요."

그러자 내 다음 말을 예상하지는 못했는지,

"무엇보다, 난 당신에 대해 알고 있는 게 있거든요. 에덴."

내 말을 가만히 듣던 에덴은 제 본명이 나올 지 몰랐는지 조금 어쩔 줄 몰라 하다가 아무 말없이 나를 끌고 한 가게에 들어섰다.

[루나 피에나], 보름달이라는 뜻을 가진 북적북적한 분위기의 술집이었다.

"저녁노을은 진다."

익숙하게 사람들을 헤치고 카운터에 다가간 그는 의미를 알 수 없는 말을 가게주인에게 건넸다.

"25 번 방, 곧 간다.

큰 키에 무뚝뚝해 보이는 가게주인은 그를 흘긋 보더니 우리를 25 번 방으로 안내했다. 그런데 주위를 쓱 훑어보니 방은 24 번까지 밖에 있지 않았다.

"저기 에덴, 방을 잘못 받은 것 같은데요."

내가 묻자 그는 나를 보더니 그제야 표정을 풀고 씩, 웃었다.

"때로는 보이는 것 만으로 판단할 수 없는 것이 있죠."

에덴은 나를 주방 옆 창고의 옷장으로 안내했다. 외관은 그저 조금 튼튼해 보일 뿐 평범한 자작나무 옷장이었다. 하지만 옷장 문을 여니, 그곳에는 꽤 많은 옷들이 걸려있었다. 광대 옷, 드레스, 평범한 사복까지, 그가 휘향찬란한 옷들을 옆으로 걷어냈다.

그러고 보니 옷장의 뒷벽이라고 생각했던 곳은 사실 작은 문이었다. 에덴은 서랍을 계단처럼 열어서 밟고 올라갔다. 나도 따라 올라가는데 끼익- 거리는 소리가 조금 불안했다. 그래서 이렇게 튼튼해 보였나 보다, 넘어가면서 무너지면 안되니까...

문을 열자 밝은 느낌의 작은 공간이 나왔다. 그 곳에는 네댓명의 남자들이 탁자에 둘러앉아 이야기를 나누고 있었다.

"오, 에덴! 그래서 무슨 얘기나 건져왔ㅇ... 저 사람은 누구야?"

그중 복슬한 수염을 기르고 있는 남자가 에덴에게 말을 건네더니 이내 나를 보고 경계하기 시작했다. 아니 경계해야 될 건 저 같은데요 근육짱짱한 수염 아조씨... 저도 여기가 어딘지 까지는 몰라요...;;

"무도회에서 만난 여인이야. 내 본명을 알고 있더라고, 아마 관련된 사람 같아. 자기 소개 좀 해보시죠. 영애,"

나는 그가 강조한 영애라는 말에 살짝 빈정이 상했다.

나는 귀족이니까 귀족을 엎으려 하는 우리한테는 신경쓰지 말라 이거냐.

하지만 나는 살짝 여유롭게 웃어주곤 나를 소개했다.

"제 이름은 신데렐라이고, 그냥 신디라고 불러주길 바래요. 그리고 미안한데 나는 정확히는 반만 영애예요. 지금은 안 계신 어머니가 평민이셨어요, 또한 당신들이 무엇을 하려는지 알아요."

"우리에게 뭘 원하는 거지?"

수염아조씨 옆에 앉아 있던 차가운 인상을 가진 은빛머리 남자가 내게 물었다. 뭐 미래로 돌아가는 루트라고 말할 수는 없으니까...

"현 왕조에 불만이 있는 누군가에게 당신들에 대한 이야기를 우연히 들었어요."

네, '우연히' 빵빠레를 터트리면서 나타나는 투덜이 요정한테요.

"제가 원하는 건 한 가지예요, 당신들의 자유 혁명에 동참하는 것, 그 대가로 이 비밀은 발설하지 않도록 하죠."

은빛 남자는 여전히 회의적인 표정으로 이야기했다.

"좋아, 하지만 네가 이 자유 혁명에서 무얼 할 수 있다는 거지? 함부로 판단해서 미안한데, 제 눈의 당신은 그냥 음료, 아니 와인 같은 걸로 얼룩덜룩 해진 남자 옷을 입은 정신나간 여자 같은데."

저거 지금 나 미친년이라고 돌려까는 거지?

"아르젠토, 저 영애는 생각보다 센 여자야. 레이디 마리포사 에게도 주먹을 날리려 했었다고. 말 조심해."

에덴이 아르젠토라고 불린 은빛남자에게 말했다. 그래, 본 게

있으니까 별로 그러길 원하진 않겠지.

"저는, 전술가 겸 무술 유단자입니다."

나는 내가 아까 내게 와인을 부었던 레이디 마리포사라도 되는 마냥 눈이 휘어져라 웃음을 지어 보였다. 거짓말은 아니다, 나는 전세계에서 손 꼽히던 격투선수였을 뿐만 아니라 성공률

100 퍼센트의 가장 완벽한 플랜을 짤 수 있으니까.

전술가 겸 무술가라는 말에 아르젠토도 당황한 듯 입을 다물었다.

그때 언제 들어왔는지 뒤쪽 문에 기대 서있던 남자가 입을 열었다. 키가 족히 2 미터는 되어보였고, 연갈색 눈동자를 가지고 있었다.

아, 다시 보니까 그 가게 주인이네?

"좋아, 마리포사의 천박한 입을 닫아주었단 점은 놀랍군, 옷차림도 말이지. 그렇지만 내가 제안 하나 하지. 나를 이긴다면, 너를 혁명에 참여 시켜줄게. 하지만 네가 지면, 너는 그냥 조용히 집으로 돌아가는 거야, 물론 누구에게도 사실을 말하지 않고."

아니 근데 그쪽 너무 세 보이는데...? 이거 혹시 시험을 가장한 암살시도 아니냐...

그래도 내가 2023 년으로 돌아가려면 어쩔 수 없다.

누가 아는가? 기절해서 다시 돌아갈지. 나는 한숨을 한 번 내쉬고 대답했다. 에휴 내 신세야.

"좋아요, 그 도전을 응하죠."

그러자 그 남자는 자신을 글라디우스라고 소개하며 나를 옆 방으로 안내했다.

바닥에는 장판이 얇게 되어있고, 중간에는 훈련장이 설치되어 있었다. 또한 곳곳에는 샌드백처럼 보이는 것이 깔려 있었다. 에덴이 이곳 저곳을 둘러보던 내게 말했다.

"살살하시죠, 신디. 글라디우스는 이 근방에서 소문난

 싸움꾼입니다. 저는 전세계 1위 먹었어요. "

라는 말을 뒤로 삼키며

나는 조용히 보호 장구를 착용했다.

어느새 글라디우스와 나는 경기장 위로 올라가 공격 자세를 잡았다.

내 머리는 어느새 그의 약점과 장점을 생각하고 있었다. 신디로 살면서 익힌 기술이었다.

'체격으로는 내가 불리해, 잡는 폼도 운동 좀 해본 사람 같고. 그리고 힘도 세 보이네, 대신 몸이 커서 동작이 느리 겠어.'

그러고 있는 동안 어느새 그와 눈이 마주쳤다. 이내 글라디우스가 씩 웃더니 내가 방심한 틈을 타서 주먹을 날렸다.

하지만 마음은 방심 했을 지 몰라도, 내 몸은 그렇지 않았다.

글라디우스가 주먹을 날리자 역시나 느리게 보이는 주먹에 나는 재빨리 옆으로 물러나 그의 옆구리를 찼다. 확실히 다른 사람들보다 빨라서 하마터면 맞을 뻔했다.

그의 주먹은 내 머리카락을 스쳤고, 내 금발머리는 허공에 흩날렸다. 어후, 잘못 맞았으면 바아로 즉사 각인데...? 굉장히 묵직한 펀치였다. 공격을 피한 나는 몸을 돌려 옆구리를 공격했지만 그 역시 살짝 멈칫 하더니 팔로 공격을 막아냈다. 글라디우스는 팔이 아릿한지 작게 투덜거렸지만 금세 정신을 차리고 펀치를 날리며 내게 다가왔다. 확실히 엄청난 파워였다.

"와, 글라디우스랑 저렇게 동등하게 싸우는 사람은 처음 본 것 같아."

"내가 사람은 좀 잘 본댔잖아."

아르젠토가 내 실력에 감탄하자 에덴이 뿌듯하게 말했다. 수염 아조씨도 열심히 우리의 격투를 보고 있었다.

아니 근데 아까 내가 한 마디만 해도 비수를 꽂으시던 분들 어디 갔나요...?

나는 작은 몸집의 이점인 민첩성을 이용하여 그의 공격을 피하고 움직이게 만드는 스탭에 집중했다. 나는 내가 그의 힘을 이길 수는 수 없다는 것을 알았지만 그를 지치게 할 수는 있을 거라 생각했다.

몇 분 동안 주고받은 타격 후 그는 내 예상대로 지치기 시작했다. 글라디우스의 움직임은 느려졌고 그의 펀치 또한 점점 가벼워졌다. 이제부터는 체력전이다.

나는 그 와중에도 빈틈없는 그의 방어 속에서 기회를 보고 공격에 나섰고, 그의 복부와 가슴에 빠른 타격을 가했다. 글라디우스는 뒤로 비틀거리며 숨을 헐떡였다.

나는 그가 힘을 되찾기 전에 지금 싸움을 끝내야 한다는 것을 알았다. 조금만 더 끌면 나도 지칠 판이었다.

이윽고 나는 그의 턱에 연결된 강력한 라운드 하우스 킥을 날렸다.

"윽-"

글라디우스는 작은 신음을 내뱉고는 바닥에 넘어졌다.

휴, 나도 위험할 뻔했어.

나는 턱을 타고 흐르는 땀을 살짝 닦고는 그에게 손을 뻗어 일으켜주었다.

"좋아. 신디. 너는 이제부터 내 동료야. 시험을 통과한 걸 축하해."

글라디우스가 만족한 듯 웃음을 지으며 내 손을 꽉 쥐었다. 그러고는 자신의 동료들을 바라보았다.

여태까지 말이 없던 수염 아조씨가 눈을 동그랗게 뜨고는 답했다.

"굉장히 인상적이었어. 내 이름은 바르바이야."

아르젠토도 차가운 얼굴에 옅은 미소 비스무리한 것...? 을 띄우고 고개를 끄덕였다.

나는 에덴을 바라보며 숨을 죽였다. 이 사람들의 신뢰를 얻더라도 리더인 에덴의 허락 없이는 함께 싸울 수 없다. 마침내 그는 고개를 끄덕였다.

"좋아, 그럼 핵심멤버의 승인은 다 받은 거지? 나야 말할 것도 없이 찬성이지"

이윽고 그가 말했다.

"우리는 지금 상인회의 소수와 왕궁내 몇몇 대신의 지지를 받고 있어. 아무튼 자유 혁명에 온 것을 환영해."

글라디우스, 바르바이, 아르젠토는 모두 동의하며 고개를 끄덕였고,

에덴이 궁전의 몇 장관들로부터 얻은 지원에 대해 이야기 해주자 나는 희망이 솟구치는 것을 느꼈다.

좋았어, 지금 이미 한 반 정도는 진행된 것 같다. 앞으로 내가 할 일은 자원 확보와 왕궁점령, 그리고 사이의 작은 위협들만 극복하면 된다.

한낱 조용한 소녀였던 나는 이제는 위대한 일, 역사의 흐름을 바꿀 수 있는 일을 눈앞에 두고 있었다

나는 살짝 고개를 숙이고 감사를 표했다.

"고마워."

아르젠토도 그제야 표정을 풀고 나에게 미소를 지었다.

나는 그제서야 한 시름을 놓을 수 있었다. 드디어 첫 난관을 해결했다.

그날 밤, 그들은 내게 많은 장애물이 있음에도 불구하고 어떻게 무도회에 참석할 수 있었는지에 대한 이야기를 들었다. 사실 80 프로는 꾸며내긴 했다...ㅎ

자유 혁명에 대한 꿈을 현실로 만들기 위해 힘을 합칠 수 있는 가능성에 대해 논의하면서 계속해서 밤이 깊도록 이야기를 나눴다.

사실상 나한테는 미래로 가는 루트...

아무튼, 밤이 되자 나는 이 아지트에서 머물기로 했다. 갈 곳도 없었기 때문에 그냥 내 보석 몇 개를 글라디우스에게 주고 남는 작은 방에서 그들과 함께 지내기로 했다.

나는 우리 왕국이 절실히 필요로 하는 변화를 위해 함께 싸울 것이다. 이들은 모르겠지만, 이 파트너십은 곧 역사를 재구성하고 다음 세대를 위해 우리 세계를 변화시킬 자유 혁명의 불가사의한 선동자에 대한 진실을 밝히는 열쇠가 될 것이다.

-라는 원대한 목표로 포장한 미래로 돌아가기 대작전은 그렇게 시작되었다.

한바탕 이야기를 마치고 다들 잠들었을 무렵, 나는 내 작은방에 들어가 계획을 세우기 시작했다.

나는 미래에 대한 나의 지식을 그들에게 알리지 않도록 조심해야 했기 때문에 조심스럽게 책을 펼쳤다.

자칫 이 이야기들이 세상에 알려지면 나중의 역사가 크게 바뀔 수 있다.

내가 그렇게 열심히 머리를 굴리는 동안에도, 시간은 흘러갔다.

어느 날 저녁, 우리는 어두컴컴한 거실에서 옹기종기 모여 앉아 비상 회의를 열었다.

"큰일이야. 자금이 부족해. 이대로 라면 진격은 조금 벅찰 것 같아."

아르젠토가 입술을 잘근, 씹으며 말했다. 그러자 바르바이가 현실적인 답을 내놓았다.

"맞아, 우리는 이제 그 어떤 계획도 세울 재정이 되지 않아."

"윽, 곧 있으면 왕궁에도 진출할 수 있을텐데 하필..."

이제 내 의견을 내놓을 때가 된 건가.

"사실... 그래서 말인데."

나는 최대한 태연하게 말하려고 애썼다.

"우리, 장사를 해보는 건 어때...?"

06
: 치느님 강림

그들은 나를 미쳤냐는 듯 회의적으로 바라보았고, 사실 나는 이 아이디어가 그들의 자유 혁명에 어떻게 기여할 수 있을지 확신이 없지...는 않았다. 내가 생각해도 나 좀 미친 거 같아... 완전 천재 같거든

나는 그들의 생각과는 전혀 다른 방향으로 속으로 키킥 웃었다. 아마 이게 성공한다면 우리는 부자가 될 거야.

그리고 나는 한 책을 꺼내 들었다.

"[당신도 할 수 있다-치킨 실전 편!]...?"

나는 그들에게 내 계획을 설명했다. 사실 이건 내가 이 곳으로 올 때 같이 온 바로 그 치킨 조리법 책이었다.

치킨을 튀겨 팔면 신세계의 맛으로 막대한 이익을 창출 할 테고, 꾸준하고 신뢰할 수 있는 수입원이 될 것이다.

백문이 불여일견이라고, 나는 미리 소금과 후추로 몇 분간 재워두었던 닭다리를 꺼내 밀가루에 살짝 굴려주었다.

"신디, 지금 뭐하는 거야?"

글라디우스가 의아한 얼굴로 물었다. 아 좀 기다려보라니까, 천상의 맛을 맛보게 해 줄게.

그리고 기름을 끓여서 거기에 닭다리를 살짝 넣었다.15 분 정도 지나 닭을 꺼내자, 노릇노릇하고 고소한 냄새가 나는 치킨이 완성되었다.

나는 그들의 앞에 책을 보고 직접 제작한 소스와 치킨을 내려놓고 직접 하나를 들어 맛보며 시범을 보였다.

"...이, 이건! 이세계의 맛이 아니야!"

사실 그렇긴 해.

곧, 치킨을 맛본 이들은 눈이 동그래졌고,

당장 이 사업을 시작하자며 난리를 치기 시작했다. 우리는 치킨을 다 먹어 치우곤 아쉬워하며 말을 잇기 시작했다.

일단 이 사업을 성공시키려면,

첫번째, 꾸준한 손님층이 있는 식당이 필요하다.

이건 우리 아지트 위층의 글라디우스가 운영하는 술집을 이용하기로 했다. 애초에 이곳은 근방에서 가장 세다고 알려진 글라디우스에게 겨루기를 신청하러 오는 사람들로 꽤 인기있는 곳이었다.

두번째, 홍보를 해야 한다.

아무래도 치킨은 사람들이 한 번도 먹어보지 못한 생소한 음식이다 보니 애초에 주문량 자체가 별로 없을 거라는 에덴의 의견이었다.

나는 두 번째 문제에서 막혀 끙끙대고 있었다 치킨이 맛있는 것만 생각했지 이건 몰랐단 말이다....

그런데 주위를 보니 나를 제외한 동료들이 모두 눈을 반짝이며 아르젠토를 쳐다보고 있었다.

"아, 싫어, 안 해, 절대 싫어... 하, 다른 방법은 없는 건가?"

아르젠토도 그걸 의식했는지 뜻 모를 말을 중얼거렸다. 내가 어리둥절 해 있자 바르바이가 나를 보고 함박웃음을 지으며 말했다.

"아, 말 안했나? 아르젠토, 꽤 유명한 음악가야. 실버라고..."

실버? 실버라면, 이 근방에서 가장 유명한 거리 음악가잖아?

몇 달 전에 새 언니들이 길에서 실버가 바이올린 연주하는 걸 들었다며 막 자랑하는 걸 들었다.

사람이 많아서 얼굴은 못 봤는데 소리가 완전 아름다웠다고 했다. 그러고선 바이올린을 배우겠다고 얼마나 난리를 치던지 결국 새엄마가 과외를 끊어주었다.

물론 언니들이 연주했던 바이올린은 정말 최악이었다.

그런데 그 실버가 지금 내 앞에 앉은 저 차가운 남자라고? 좋아, 그럼 홍보는 문제 해결!

"자아- 그럼 홍보는 아르젠토가 하기로 하고..."

"아니 내 의견은 어딨...에휴"

나는 드디어 적자에서 탈출할 수 있는 희망을 느꼈다. 우리의 계획은 발전하고 있었고, 어쩌면 아주 성공할 수도 있었다.

다음 몇 주 동안 우리는 본격적으로 계획을 현실로 만들기 위해 지칠 줄 모르고 일했다.

아르젠토와 에덴은 근처의 시장에서 내 보석들로 수십 마리의 닭을 샀다.

곧 나와 글라디우스의 술집에서 종업원으로 일해 요리를 잘하는 바르바이는 치킨을 연구하기 시작했다. 심지어는 함께 곁들어 먹을 5가지 소스와 감튀, 그리고 음료수까지 만들었다.

이 분, 은근 요리 잘한단 말이지.

우리는 [루나 피에나]의 주인인 글라디우스의 도움을 받아 곧 식당에 신메뉴를 출시 시켰다. 우리는 우리들만의 작은 방법으로 변화를 일으키고 있었다.

그리고 첫 번째 날, 반응은 폭발적이었다.

신메뉴를 출시한 첫 날, 실버는 식당 앞에서 바이올린을 키기 시작했다. 곧 아름다운 소리가 길 전체에 울려 퍼졌다. 내가 여태껏 들었던 듣기 싫은 삑사리가 아닌 아주 아름다운 소리. 누구나 한 번씩 고개를 돌려 관심을 줄 만한 음색이었다.

역시 음악가는 아무나 하는 게 아니구나.

곧 이름난 음악가가 한 식당 앞에서 공연 중이라는 소문이 바이올린 소리를 타고 퍼졌고, 실버의 연주를 들으러 귀족 영애부터 평민 아이까지 사람들이 몰리기 시작했다. 자연스럽게 식당에도 사람들이 물밀 듯이 들어왔다.

"음, 이 메뉴는 뭐예요?"

홀 서빙 담당인 나는 손님들에게 치킨을 설명해주곤 자연스레 권유했다.

"이건 싱싱한 닭을 튀겨서 만든 요리인데, 정말 맛있답니다. 한 번 드셔 보시겠어요?"

"어...네!"

한 번 호기심으로 치킨을 시켜본 이들은 한 입 먹고는 탄성을 내질렀다. 오죽하면 우는 이도 있었을까, 이 맛있는 것을 내가 처음 알린 사람이 나라니, 괜시리 뿌듯했다.

중간중간 우리의 신분을 대고 쑥덕대는 진상도 있었지만, 첫 개시는 아주 성공적이었다.

그 다음 날부터, 사람들은 우리 음식에 열광했다.

"꺄-악! 비켜요 비켜!"

아침 오픈 시간만 되면 사람들은 식당 앞에 마치 좀비 떼처럼 둘러서서 기다리고 있었고,

요새 고급진 선물이라 함은 우리 가게에서 포장을 해다 사다주는 것이 당연시될 정도로, 우리 사업은 호황을 누리고 있었다. 심지어는 치킨을 주고 프로포즈에 성공했다는 말이 돌 정도였다.

역시 왜 2023 사람들이 치킨을 하느님+치킨, 치느님이라 불렀는지 알 것 같다.

1일 1치킨을 하고 가는 손님도 있었다.

우리의 비전에 관심이 있던 몇몇은 떠도는 소문을 주워다가 우리를 찾아와 동료가 되기도 했고, 그 덕에 우리는 점차 자금도, 인맥도 넓혀갈 수 있었다.

매일매일 치킨은 품절되다 못해 주문량이 폭주했고, 그러다가 한 양계장과 계약을 맺어 늘 새벽마다 배송오는 시스템마저 갖추었다.

그래서 돈 맛을 본 우리는 계속해서 일했고, 번 돈을 우리의 대의에 활력을 불어넣기 위해 사용했다.

정보도 구하고, 로비도 뿌리고, 무기도 조금 갖추고...

그렇게 바쁘게 살던 어느 날, 한 무리의 상인들이 우리를 만나려고 찾아왔다.

"무슨 일이시죠?"

아르젠토가 그들을 앉히고 물었다.

상인들은 서늘한 그의 인상에 조금 우물쭈물하다가 말을 꺼냈다.

"그, 저희가 이 가게에 대한 소문을 들었는데요..."

"맞아요! 그 왕권에 대항한다는..."

"그래서 제안 드릴 게 있어요!"

흠, 제안이라. 배신당하면 곤란한데.

"저희가 손님들로 자유 혁명에 대한 병력이나 내부 세력 등을 지원해 드릴 테니까, 저희도 치킨집 사업을 할 수 있게 해주세요. 아 물론 이익은 나눠 드려요!"

아 그러니까 체인점을 하잔 소리네! 좋은 발상이었다.

안 그래도 사업은 계속 커지고 있었고, 성공할 거라고 예상은 했지만, 자금을 대는 명목으로 시작한 게 너무 방대 해져서 당황하던 중이었다.

처음에 우리는 주저했다.

우리는 자유 혁명에 자금을 대는 방법으로 사업을 시작했고 그 일이 들키면 최소 사형이었다. 하지만 상인들과 이야기를 나누고 그들의 비전에 대해 더 많이 알게 되면서 진정한 가능성을 보기 시작했다.

그들 또한 날 때부터 똑 같은 사람인데 왜 누구는 천대받고 누구는 존귀하게 모셔지는 지에 대한 의문을 가지고 있었고, 언제든지 그걸 바꾸고 싶어했다.

우리는 체인점을 열면 더 많은 사람들에게 농장에서 갓 구운 닭고기를 제공하여 지역에서 조달한 건강한 음식을 더 쉽게 접할 수 있다는 것을 알았다.

또한 수익을 사용하여 자유 혁명에 자금을 지원하고 진정한 차이를 만들 수 있었다.

"너무 위험해. 잘 못하면 타격이 너무 커질 수도 있어!"

"하지만 그 위험 수당에 따른 대가가 있잖아."

결국 우리는 긴 고민 끝에 상인들과 협력하기로 결정했다.

그것은 역사책에 적혀 있거나 안정적인 방법은 아니었지만 나는 그것이 우리의 자유 혁명을 위해 올바른 결정이라는 것을 직감적으로 알았다.

시내 곳곳에 체인점을 오픈하면서 뿌듯함과 성취감을 느꼈다. 그리고 우리는 맛있는 치킨을 맛보기 위해 매장을 계속해서 찾아오는 사람들의 지지를 받고 있다는 것을 알았다.

한마디로 일석이조다.

돌이켜보면 우리가 올바른 결정을 내렸다는 것을 알았다. 확실히 역사책에 기록된 것은 아니지만, 우리는 위험을 감수했고, 성과를 거두었다.

그리고 우리는 여전히 한 손에 닭다리를 하나씩 들고 실질적인 영향을 미치기 위한 길을 만들고 있었다. 역사책에 이름이 적힌 이들의 명단을 만들어서 잠재적 고객 리스트라면서 우리의 사상을 조금씩 퍼트렸다.

나는 동지들의 눈에서 결의를 볼 수 있었다. 우리는 치킨집으로 변장한 자유 혁명 단체였다.

07

: 닭이 먼저일까 달걀이 먼저일까?

우리의 계획은 꽤 순조롭게 천천히 진행되고 있었지만 나는 계속되는 불안감을 떨칠 수 없었다.

나는 내가 책을 다시금 살피다가 한 사건을 발견했다.

하나와 내가 함께 읽었던 내용이었는데, 주동자들이 못 알아차릴까 봐 엄청 조마조마했던 기억이 있었다. 너무 엄청난 스케일로 커진 평민들로 이루어진 우리의 단체를 경계한 왕궁의 스파이가 자유 혁명 집단에 잠입해보았고, 결국 자유 혁명 집단의 다수를 고발했다는 내용이었다.

그러나 나는 아무도 잃고 싶지 않았다. 에덴도, 글라디우스도, 아르젠토도, 바르바이도.

그래서 나는 이것을 기억하면서 경계를 유지하고 조금 더 보안을 강화시키자고 건의했다. 물론 그냥 어쩌다 구멍을 발견했다는 식으로 둘러댔다.

어휴, 왜냐고 물어와서 정말 들키는 줄 알았다.

그리고 나는 책에서 그의 초상화를 오려내 가지고 다니면서 홀 서빙을 한다는 이점을 이용해 내 주변의 모든 사람, 특히 우리 생각을 처음 접하는 사람들을 주시했다.

아니나 다를까,

어느 날 나는 손님으로 온 궁전의 경비원들 사이에서 우리의 일에 대해 지나치게 아는 척하면서 교묘하게 자꾸 질문을 하는 새로운 얼굴을 발견했다.

그는 단호한 표정을 지닌 키가 크고 근육질의 남자였으며 너무 많은 질문을 하는 것 같았다.

높은 지위는 누구고, 주동자는 누구고...

아직 그가 완전한 일원은 아니었기에 아무도 제대로 대답은 해주지 않아 다행이지만, 내가 보안을 강화했으니 망정이지 잠재적 위험이 너무나도 컸다.

그의 이름은 토마스였고, 아무도 없는 곳에서 조용히 주머니에 든 초상화를 꺼내 대조해 보니. 그림과 완전히 일치하는 얼굴이었다.

나는 일단 그의 귀에 들어가지 않게 상황을 처리할 계획을 세웠다.

나는 일부러 치킨 집에 방문한 손님을 가장해 우리를 찾아온 주요 인물들에게 거스름돈을 건네는 척하며 쪽지를 건넸다.

내용은 내가 학교에서 배웠던, 모스부호에 관련된 것이었다.

ㄱ은 [· · · ·] ㄴ은 [· · · ·] 이런 식으로 소리나 불빛, 단순한 눈 깜빡임 만으로도 의사소통을 할 수 있어 편리한 암호였다. 아니, 이제 신디 부호라고 불러야 할까?

내 지시대로, 쪽지를 받은 이들은 곧 이 암호를 익혔고, 특별한 일이 있지 않은 이상, 평범한 대화를 하는 척 하면서 눈을 깜빡이면서 스파이가 있다는 것도 알리고, 언제 어디서 만날 것인지도 정했다.

그러고는 곧 치킨집에서 사업 성공을 축하하는 것을 가장하여 모임을 열었고, 단골이라는 명목으로 배신자인 토마스도 함께 초대했다. 역시나 그는 우리에게 많은 질문을 했다.

"다음 모임은 언제죠?"

우리는 그에게 늘 주어를 정확히 하지 않고 애매하게 대답했고, 그게 치킨집 사업을 이야기하는 건지, 아니면 우리들의 비밀을 이야기하는 건지 알 수 없는 암시를 던졌다.

우리는 금세 눈을 깜빡여 서로의 뜻을 전달했고, 에덴이 그에게 대답했다.

"글쎄, 다음 모임은 아마 인근 마을 오크로몬트의 루나 피에나에서 진행될 것 같습니다. 그때 중요사항들을 이야기하죠."

"중요사항이라, 그게 뭐죠?"

옳지, 걸려들었다.

나는 살짝 차가운 미소를 지으며 말했다.

"음, 그건 사업 기밀이라서요. 당신을 믿을 때가 되면 나중에 알려드리죠."

토마스의 얼굴이 살짝 상기되었다. 누가 보면 그냥 술을 너무 마신 것처럼 보이지만, 아마 그는 실마리를 잡았다는 생각에 기뻐하는 것이리라. 쯧, 스파이라는 사람이 이렇게 속마음을 드러내서야. 다들 웃음을 참느라 힘든 얼굴이었다.

며칠 후 우리는 정한대로 오크로몬트의 체인점에 모였다. 허나 달라진 것이 있다면, 이 마을에 병사가 집결한다는 소문이 들리는 것이었다. 역시 작전이 잘 먹힌 듯했다. 토마스까지 모두 오고 난 후, 우리는 모두 심각한 표정으로 말했다.

"자, 그럼, 우리의 사업 기밀을 알릴 때가 왔군,"

우리는 준비해 둔 달걀을 꺼내 들고는 한 데로 모았다.

"자, 토마스, 잘 보게 나. 이 달걀을 이렇게 모으면 15개가 되네. 그렇지?"

"네? 네!"

우리는 준비해 온 아무 말 대잔치를 시작했다.

"자, 이 달걀들이 깨어나면 닭이 되겠지? 그럼 또 그 닭이 달걀을 낳을 테고, 또 닭이 되고..."

"그렇담 달걀이 먼저일까? 닭이 먼저일까?"

한 대장장이가 말했다.

"닭이 먼저지. 로마자 순서도 닭이 먼저 온다고!"

그러자 한 장교도 말했다.

"아니, 달걀이 먼저야! 아침엔 계란이 더 맛있잖아.."

내가 기획했지만 정말 난장판이네ㅎㅎㅎㅎ. 다들 왜 이렇게 진심 같냐... 아무튼 토마스는 당황했는지 얼굴이 빨개졌다가 파래졌다가 하는 꼴이 정말 보기 좋았다.

"자자 싸우지 마시고요,"

결국 나는 이 논란을 한 문장으로 종결했다.

"맛있으면 된 거 아니겠습니까?"

다들 약속한데로 고개를 끄덕이기 시작했고, 화기애애한 분위기를 자아내며 이 논쟁을 끝냈다.

토마스는 잠시 말이 없다가 화장실에 간다고 하고서는 돌아오지 않았다. 그제서야 사람들은 배를 잡고 깔깔 웃어대기 시작했다. 당황한 거 봐ㅋ

몰래 따라나간 우리는 토마스가 한 병사를 만나 반란은 개뿔 왠 정신병자들만 모여 있다는 말을 전하는 것을 보고서는 각자 통쾌해 하며 집으로 헤어졌다.

우리가 떠난 이후에도 병사들이 마을 사람들을 심문하고 반란의 징후를 찾았다는 소문이 들려왔지만, 그들의 노력은 헛수고였다. 당연히 애초에 그 날 그런 모임은 없으니까.

결국 왕궁의 관심이 분산되면서 그들은 완전 방심하고 토마스도 해고한 듯했다.

왜냐면 며칠 후부터 토마스가 보이지 않길래 평소 친하게 지내던 마을 사람들에게 물으니 집을 떠났다는 것이었다.

그것을 계기로 우리의 보안은 더 철저해졌고, 마침내 하나의 거대한 플랜이 짜여 지기 시작했다.

그러던 어느 날, 나와 주동자 몇 명에게 왕실로부터 편지가 날아왔다.

"왕실에서 ㅍ...편지가 왔습니다-!"

쉽게 구하기 힘든 부드러운 고급 편지지에 붉은 실링이 찍혀 있었다. 설마설마 하면서 편지를 열어보니

-이번 왕실 축제 때 왕자께서 이 마을의 별미로 소문난 치킨을 드시고 싶다 하시니 이렇게 서신을 보내 노라, 왕께서는 너희 같은 평민이 만든 더러운 것을 어찌 먹느냐 하고 걱정하고 있으시지만 또 한 편으로는 마음이 넓으셔서 귀빈들을 대접하고 왕자의 청을 들어주고 싶어하시니, 미천한 그대들은 하늘 같은 왕궁의 은혜에 머리를 조아리고 속히 가장 맛있고 깨끗한 치킨을 바쳐라-

라는 내용이었다.

그러니까 대충 협박과 자화자찬이 섞인 치킨을 내놓으라는 통보였다.

어휴, 그래도 간 떨어지는 줄 알았네...

나는 일단 식당의 동료들에게 이 사실을 알렸다. 자금도 모였고, 왕궁에 들어갈 기회만을 노리고 있었는데, 딱 좋은 타이밍이었다.

우리는 일단 왕의 의심을 피하기 위해 통통하게 살찐 최고급 닭 몇 마리를 선별하여 정성스럽게 튀겼다.

이거 잘못하면 자유 혁명이고 뭐고 바로 목 날아가는 거다...

나는 늘 입던 바지와 티를 벗어버리고 깨끗하고 하늘하늘한 드레스로 갈아입었다. 오랜만에 입었지만 역시나 불편했다.

자유로운 영혼 아르젠토는 왕실에 가면 너무 숨막힐 것 같다며 나의 행운을 빌어주었고 글라디우스와 바르바이는 식당을 지켜야 한다며 남았다.

에덴의 에스코트로 치킨이 든 카트를 밀고 왕궁에 들어가는 순간, 내 심장은 흥분으로 두근거렸다. 한낱 신분 상승을 꿈꾸던 비참한 여자아이는 결국 여기까지 왔고 왕과 왕자에 맞서 세상을 바꾸려고 한다.

"존귀하신 폐하를 뵙습니다."

최대한 예의 있게...! 최대한...!

다행히도 왕은 내가 마음에 든 듯했다.

나는 맛있는 치킨 한 바구니를 식탁 위에 내려놓고 왕에게 다가가 한 입 드셔 보시라고 권했다.

왕이 식사를 하기 위해 자리에 앉자 나와 에덴은 왕이 닭을 한입 베어 무는 모습을 초조하게 지켜보았다. 왕은 잠시 생각에 잠긴 척하더니

"이거 꽤 좋은데."

하고 체면을 세우려 근엄한 척 말했다. 그러고는 다른 조각에 손을 뻗으며 말했다.

"좋아, 앞으로는 일주일에 한 번 이 치킨들을 내게 바치도록 해, 왕자, 이리 와서 좀 먹어."

왕자 또한 식탁에 앉더니 치킨을 와구와구 집어먹기 시작했다.

나는 만족감을 느끼며 미소를 지었다. 좋아, 드디어 이 맛에 눈 떴군.

왕은 자신이 식사를 마칠 때까지 접견실에 있으라고 손짓했다.

접견실로 들어간 나와 에덴은 호화로운 홀을 거닐면서 분노를 느끼지 않을 수 없었다.

이곳저곳은 온통 값비싼 장식이 되어있었다,

쓸데없이 큰 동상, 쓸데없이 비싼 옷, 쓸데없이 반짝거리는 보석들...

에덴이 까득까득, 이를 갈았다.

"백성들이 고통받는 동안 이렇게 왕과 왕자는 사치스럽게..."

우리는 늘 그렇게 살았다. 그저, 그렇게 태어났다는 이유로. 이제는 그들이 책임을 져야 할 때였다.

08
: 한 손에 닭다리를 들고

왕이 식사를 마치고, 나와 에덴은 왕의 부름에 따라 들어갔다. 앞에서 신하들이 왕에게 아첨하는 것이 보였다.

"폐하, 세금을 더 걷어야 합니다!"

"폐하, 이번에는 어떤 음식을 드시겠습니까?"

왕은 귀를 몇 번 휘적거리더니 신하들에게 이만 가보라고 손짓했다. 저거 누가 봐도 귀찮다는 표시다. 눈치 없는 신하들...

"폐하, 죄송하지만 제가 한 말씀드려도 되겠습니까?"

이때다, 나는 신하들이 나가는 것을 보고 한 발 앞으로 나가 말했다. 왕은 흥미로운 듯 나를 보면서 고개를 끄덕였다.

"폐하, 저 신하들을 내치셔야 합니다. 저들은 반란군과 내통하고 있습니다."

나는 그렇게 이야기하고선 내 말에 당황한 듯한 에덴에게 눈으로 뜻을 전달했다. 그러자 에덴도 내 뜻을 알겠다는 듯 고개를 한 번 끄덕, 하고 선 이야기를 늘어놓기 시작했다.

세금을 빼돌리는 자가 있다는 둥, 폐하의 음식에 독을 들었을 가능성도 있다는 둥, 수려한 말솜씨로 왕의 주위의 우리의 자유 혁명을 방해할 가능성이 높은 유력한 인사들을 몰아가기 시작했다. 와, 이 사람 말솜씨가 장난이 아니다. 역시 자유 혁명군 리더...

말을 끝낸 우리는 침을 한 번 삼키고는 왕을 바라보았다.

왕은 우리를 흥미롭게 쳐다보더니 곧바로 옆의 신하를 불러 우리가 언급한 신하들을 해고하라고 명령했다. 그러고는 우리를 활짝 웃으며 쳐다보았다.

"고맙다. 하마터면 잠재적 적들을 주위에 둘 뻔했군, 앞으로도 가끔 와서 내게 조언을 해줘."

어후, 저 팔랑귀 왕 같으니라고.

우리는 알았다고 인사한 후 왕궁을 나왔다.

그곳을 빠져나오자마자 나와 에덴은 서로를 바라보며 가슴을 쓸어내렸다.

"후, 정말 죽는 줄 알았네..."

그러니까 내 말이...

곧 우리는 다시 치킨집으로 돌아가 행동을 개시하기 시작했다. 우리가 언급해서 해고되었던 인물들의 주위를 탐색하고,

우리의 사상을 퍼트려 완전한 우리편으로 만들었다.

아 내가 생각해도 내가 진짜 잘 캐리 했다... 그렇게 우리는 세력을 키워나갔고, 조금씩 조금씩 왕 주위의 신하들을 해고하거나 우리 편으로 만들기 시작했다. 허구한 날 터무니 없는 왕에게 대역하는 우리의 뜻은 생각보다 잘 먹혔다. 마침내 왕의 곁의 진정한 신하는 남지 않을 지경에 이르렀다.

왕이 이상한 것을 알아차렸을 때는 그는 이미 내 손아귀에 들어와 있었다.

마침내 다가온 자유 혁명 당일,

나는 혼자 궁을 찾아가, 왕에게 한 종이를 내밀었다.

"이, 이건..."

"왕자님께서 반역을 꾀했다는 증거입니다."

그 종이는 내가 직접 책에서 잘라 붙인 토마스의 초상과, 왕자의 사치스러움에 대한 내용을 우리 자유 혁명 단체의 내용과 섞어 만든 이야기가 있었다.

토마스가 그런 보고를 한 것은 그걸 미리 알고 있던 왕자가 정보가 새어 나감을 막았고, 왕을 시해하려는 음모를 꾸미고 있다는 내용이었다.

나를 철석같이 믿고 있던 왕은 진위여부는 확인하지도 않고, 그 자리에서 화가 머리 끝까지 나 내가 있는 없는 왕자의 이름을 큰 소리로 불러 댔다. 왕자의 발소리가 들렸고, 곧 그가 도착하자, 왕은 그에게 쪽지를 보여주면서 왕자를 추궁했다. 당연히 왕자는 당황해서 손사래를 쳤지만, 이미 그는 내게 넘어온 뒤였다. 왕은 신하들에게 당장 왕자를 끌고 가라고 소리쳤고, 안타깝게도 그의 말을 들어줄 자는 아무도 곁에 있지 않았다.

왕과 왕자가 서로를 불신하며 마구 소리를 질러 대는 동안, 나는 조용히 빠져나가 우리편인 문 앞의 경비원에게 이 사실을 전했다.

마지막 남은 왕의 편이 사라지는 순간이었다.

경비원은 빠르게 달려나가 왕궁 주위에 몰려 있던 사람들에게 사실을 알렸다,

순식간에 성을 가로막던 엄폐물이 날아갔고 도시의 거리는 칼이 부딪히는 소리와 자유를 위해 싸우는 용감한 남녀들의 외침으로 가득 찼다. 공기는 분노와 변화에 대한 갈망으로 달구어졌고, 놀라우리만큼 우리의 결심은 결코 흔들리지 않았다.

나는 주위를 둘러보며 만족스러운 웃음을 지었다. 요정님, 보고 있죠? 거의 다 됐어요.

우리는 궁의 보루로 더 깊숙이 진격했다. 마주치는 사람들은 모두 우리의 뜻에 합세했고, 간혹 우리를 막 선 자들도 내 주먹에 쓰러져 조용히 무리에 들어왔다. 더 이상 우리를 제지할 자도 없는 우리의 기세는 하늘을 뒤덮었다.

어디를 가든 우리와 함께했던 자들이 문을 열었다. 진격할 때마다 우리의 사기는 치솟았고 정의롭고 공정한 사회에 대한 꿈이 마침내 우리 손에 들어왔다.

결국 우리를 승리로 이끈 것은 흔들림 없는 결단력과 단결력 이였다.

마침내 우리가 왕궁의 커다란 홀에 도착했을 때, 가장 먼저 들어간 나와 에덴, 바르바이, 글라디우스, 그리고 아르젠토는 놀랍도록 거대했던 한 왕조가 처참히 끝나가는 것을 보았다.

왕과 왕자는 서로를 향해 칼을 휘두르고 있었다. 저러다 무슨 일이라도 생길까 걱정되어 둘을 떼어 놓으려고 하니, 서로를 향해 욕을 했다. 부전자전이라더니... 참 이런 사람들이 어떻게 이렇게 오랫록 우리를 지배하고 억압했는지 의문이다.

그러다 우리가 방심한 순간,

"글라디우스! 바르바이! 잡아!"

그들은 잽싸게 검을 집어 들었고, 서로를 향해 달려갔다. 그러고는 동시에 가슴에 칼을 찔러 넣었다.

그들은 그렇게 서로가 죽어가는 모습을 보며 미친듯이 웃어댔다.

"나의 피가 흐르며 나를 배신한 자여! 내가 죽을지 언정 그대와 함께는 세상을 살아가지 않으리라!"

왕과 왕자는 서로를 향해 그렇게 소리치고는 숨을 거두었다. 아무리 부당한 정치를 했고, 나를 괴롭게 한 자라도 누군가 죽어가는 모습을 보니 안타까웠다. 우리는 조용히 그들을 산 깊숙한 곳에 묻어주었다.

왕국의 백성들은 고통의 날이 마침내 끝났다는 것을 알고 기뻐했다. 마침내 자유 혁명은 성공했고, 평화와 평등의 새 시대가 땅에 동트기 시작했습니다. 나 또한 다른 의미로, 미래로 갈 날이 얼마 남지 않았단 걸 알고 기뻐했다. 이제, 하나랑 가족이 있는 세계로 돌아갈 수 있다.

여전히 우리의 사상을 이해하지 않는 귀족들도 있었고, 이로 인해 크고 작은 전투도 일어났지만 곧 우리는 모든 반란을 진압했고 모든 역경을 이겨냈다.

우리가 이 혁명 속에서 맺은 희생과 우정은 결코 잊혀 지지 않을 것이었다. 우리는 역사의 흐름을 바꾸었고 왕국의 모습은 다시는 예전 같지 않을 것이다.

자유 혁명이 대성공하고 조국의 앞날이 밝아지는 가운데 나는 우리가 성취한 일에 대해 만족감과 긍지를 느끼지 않을 수 없었다. 나는 이제 인생 3 회차 일 뿐만 아니라 최초 치킨 발명가 에다가 자유 혁명 주동자, 미래를 보는 전술가, 완전 센 무술가 였다.

하지만 나는 이 시대의 내 시간은 한정되어 있다는 것을 알고 있었다. 곧 가족처럼 지냈던 친구들과 동맹들을 두고 떠나야 한다는 생각에 마음이 조금 아파왔다.

어느 날 시끌벅적한 시장을 걷다가 이상한 일이 벌어졌다. 나는 누군가와 부딪쳤고, 비틀거리며 넘어졌다. 균형을 되찾으려고 애쓰는 동안 나는 이상한 느낌이 나를 덮치는 것을 느꼈고 내 주변의 세상이 사라지기 시작했다.

눈 깜짝할 사이에 나는 처음으로 과거로 이동했던 횡단보도 앞에 서 있는 2023 년으로 되돌아간 까만 머리 붉은 누동자의 나를 발견했다.

나는 방향 감각을 잃고 혼란스러워 주위를 둘러보며 내가 갑자기 미래로 돌아온 것을 이해하려고 애썼다.

내가 이것으로 돌아왔다는 것은, 곧 자유 혁명의 성공적인 막을 의미하는 것이었다.

나는 황급히 책가방에서 내 책들을 꺼내 보았다.

놀랍게도 그저 자유 혁명 연대기였던 책의 이름은...

"자유치킨 혁명...?"

자유치킨 혁명으로 바뀌어 있었다. 이게 뭔가... 싶긴 했는데, 사실 뭐 치킨의 치킨에 의한, 치킨을 위한, 혁명이라 해도 손색이 없으니, 그냥 기분 좋게 생각하기로 했다.

나는 한 쪽 입꼬리를 씨익 올리고는 다시 걷기 시작했다.

이 일을 통해 나는 더 강해졌고, 앞으로도, 내가 어른이 되어서도, 다른 사람이 1을 외칠 때 2를 외칠 용기를 가지기로 결심했다.

시원한 아이스크림이 있는 슈퍼를 향해 걸어가면서,

나는 나의 특별한 여행이 영원히 기억될 것이라는 것을 알았다. 나는 내 시대에 정의와 평등을 위해 계속 싸워 더 좋은 세상을 만들어 나가겠다고, 나와 함께 싸워주었던 동료들에게 마음속에서 약속했다.

Photo Album

신데렐라

에덴

아르젠토

바르바이

글라디우스